Mary Rosenberg

Ich lerne Landkarten lesen!

Raumorientierung &
Kartenverständnis üben

Verlag an der Ruhr

Impressum

Titel
Ich lerne Landkarten lesen!
Raumorientierung & Kartenverständnis üben

Titel der amerikanischen Originalausgabe
Map Skills – Grade 2

© der amerikanischen Originalausgabe
2003 Teacher Created Materials, Inc., USA

Autorin
Mary Rosenberg

Illustrationen
Howard Chaney

Übersetzung
Daniela Köhn

Bearbeitung für Deutschland
Verlag an der Ruhr
Mülheim an der Ruhr
www.verlagruhr.de

Geeignet für die Klassen 2–4

Unser Beitrag zum Umweltschutz
Wir sind seit 2008 ein ÖKOPROFIT®-Betrieb und setzen uns damit aktiv für den Umweltschutz ein. Das ÖKOPROFIT®-Projekt unterstützt Betriebe dabei, die Umwelt durch nachhaltiges Wirtschaften zu entlasten.
Unsere Produkte sind grundsätzlich auf chlorfrei gebleichtes und nach Umweltschutzstandards zertifiziertes Papier gedruckt.

Ihr Beitrag zum Schutz des Urhebers
Das Werk und seine Teile sind urheberrechtlich geschützt. Jede Verwendung in anderen als den gesetzlich zugelassenen Fällen bedarf der vorherigen schriftlichen Einwilligung des Verlages. Im Werk vorhandene Kopiervorlagen dürfen vervielfältigt werden, allerdings nur für jeden Schüler der eigenen Klasse/des eigenen Kurses. Die Weitergabe von Kopiervorlagen oder Kopien an Kollegen, Eltern oder Schüler anderer Klassen/Kurse ist nicht gestattet.
Bitte beachten Sie die Informationen unter **schulbuchkopie.de**.
Der Verlag untersagt ausdrücklich das digitale Speichern und Zurverfügungstellen dieses Buches oder einzelner Teile davon im Intranet (das gilt auch für Intranets von Schulen und Kindertagesstätten), per E-Mail, Internet oder sonstigen elektronischen Medien. Kein Verleih.
Zuwiderhandlungen werden zivil- und strafrechtlich verfolgt.

© Verlag an der Ruhr 2004
ISBN 978-3-86072-845-1

Printed in Germany

Inhaltsverzeichnis

	Vorwort	4
Legenden lesen	Bedeutungen von Symbolen	5
	Eine Landkarte ausmalen	6
	Eine Legende lesen	7
	Ein neues Land: Monsterland	8
	Straßenschilder	9
Orientierung im Raum	Im Supermarkt	10
	Eine Adresse schreiben	11
	Häuser und Straßen	12
	Urlaubsplanung	13
Himmelsrichtungen	Norden, Süden, Osten und Westen	14
	Folge den Himmelsrichtungen	15
	Wegbeschreibungen geben	16
	Genauere Wegbeschreibungen	17
	Die Pizzafabrik	18
	Schriftliche Wegbeschreibungen	19
Entfernungen	Entfernungen (1)	20
	Entfernungen (2)	21
Koordinaten und Planquadrate	Wie kommst du ans Ziel?	22
	Welche Position?	23
	Koordinaten	24
	Jede Form hat ihren Platz	25
	Sport und Spiel	26
	Der Golfplatz	27
	Straßen in der Stadt	28
Sich auf Karten zurechtfinden	Verschiedene Fahrzeuge	29
	Auf der Bundesstraße	30
	Ausflugsziele	31
	Versteckter Schatz	32
	Deutschlandkarte	33
	Die Erde	34
	Kontinente und Meere	35
	Die Notaufnahme	36
	Karte deines Klassenzimmers	37
	Monsterland-Schule	38
	Mein Lieblingsplatz	39
	Test- und Übungsseiten	**40–45**
	Lösungen	**46–49**
	Literatur- und Internettipps	**50**

Vorwort

Sich mit Hilfe eines Stadtplans orientieren oder Landkarten lesen zu können, sind Fähigkeiten, die Kinder bereits in der Grundschule erwerben sollten. Sie finden sich z.B. besser in ihrer näheren Umgebung zurecht oder können Entfernungen realistisch einschätzen. Mit dieser Mappe lernen die Kinder, zweidimensionale Abbildungen und abstrakte Zeichen auf Karten zu verstehen, Legenden zu deuten, Entfernungen und Himmelsrichtungen zu bestimmen oder Koordinaten zur Ortsbestimmung zu nutzen. So schulen sie das **räumliche Vorstellungsvermögen**, den **Orientierungssinn** und die Fähigkeit zu **abstrahieren** und erlangen damit eine Grundlage für die weiterführenden Schulen.

Einsatz der Arbeitsblätter

Die Arbeitsblätter in dieser Mappe eignen sich für den **Einsatz ab Klasse 2** und können, abhängig von den Lernvoraussetzungen der Kinder, bis **Klasse 4** eingesetzt werden. Je nach den Vorerfahrungen und Fähigkeiten der Lerngruppe sollten Sie die entsprechenden **passenden Arbeitsblätter** heraussuchen oder aber die Inhalte als **Lehrgang** durchführen. Der **Anspruch** der Aufgaben steigt allmählich an, sodass die Kinder nach und nach ihr Raumorientierungsvermögen trainieren und immer sicherer im Kartenlesen werden.

Damit Sie einzelne **Schwerpunkte** auswählen und die Kinder diese gesondert üben können, sind die Arbeitsblätter thematisch geordnet und in **Kapitel** eingeteilt (siehe auch Inhaltsverzeichnis, S. 3):

- Legenden lesen (S. 5–9)
- Orientierung im Raum (S. 10–13)
- Himmelsrichtungen (S. 14–19)
- Entfernungen (S. 20–21)
- Koordinaten und Planquadrate (S. 22–28)
- Sich auf Karten zurechtfinden (S. 29–39)

Ob Sie die vorgeschlagene **Reihenfolge** so beibehalten oder auch nur einzelne Arbeitsangebote auswählen, bleibt Ihnen überlassen – das Wichtigste ist, dass die Inhalte auf Ihre Lerngruppe abgestimmt sind.

Voraussetzungen und Arbeitsumgebung

Damit die Kinder möglichst eigenständig mit den Arbeitsblättern arbeiten können, sollten sie vorab einige **Grundbegriffe der Kartenkunde** kennenlernen. So werden z.B. Fachbegriffe wie „Legende", „Koordinaten" oder „Planquadrate" verwendet, die Sie zunächst gemeinsam mit den Kindern besprechen und klären sollten. Es empfiehlt sich, besonders im Zusammenhang mit dem Kapitel „Himmelsrichtungen" (S. 14–19), den Umgang mit dem **Kompass** zu üben. Den Kindern sollten die **Himmelsrichtungen** geläufig sein. Üben Sie sie gemeinsam, indem Sie im Klassenraum oder auf dem Schulhof die Himmelsrichtungen mit Schildern markieren. Es bietet sich an, ein Bewegungsspiel zu machen: Geben Sie (oder ein Kind) jeweils eine Himmelsrichtung vor. Die (anderen) Kinder müssen dann dorthin laufen, kriechen, hüpfen usw. Neben den Haupthimmelsrichtungen sollten auch die Nebenhimmelsrichtungen Nordosten, Südosten, Nordwesten und Südwesten bekannt sein.

Als Vorbereitung auf die Übungen im Kapitel „Entfernungen" (S. 20–21) sollte den Kindern der Umgang mit dem **Lineal** vertraut sein und sie sollten die **Längenmaße** cm und m kennen. Besprechen Sie, was ein **Maßstab** ist und wie man die Entfernungen auf Karten in die wirklichen Entfernungen umrechnen kann.

Während der Arbeit an den einzelnen Angeboten sollten den Kindern **Hilfsmittel** zur Verfügung stehen, mit denen sie die oft abstrakten Inhalte besser nachvollziehen können. Um sich im Koordinatensystem besser zurechtzufinden, können sie z.B. **Spielfiguren** oder andere kleine Gegenstände auf die Felder setzen und mit diesen die Positionen oder Wege nachvollziehen. Sinnvoll als ergänzendes Material sind auf jeden Fall große **Landkarten**, z.B. eine Deutschlandkarte, eine Weltkarte oder eine Karte Ihres Bundeslandes. Die Kinder können auch von zu Hause **Atlanten**, **Landkarten** oder **Straßenkarten** mitbringen und damit ihre neu erworbenen Kartenlesefähigkeiten ausprobieren. Je mehr die Kinder sich mit Landkarten beschäftigen, umso stärker schulen sie ihre Orientierungsfähigkeit.

Übungen und Tests

Im Anschluss an die Arbeitsangebote finden Sie sechs **Test- und Übungsseiten** (S. 40–45). Es handelt sich hierbei um Multiple-Choice-Tests, die die Lerninhalte der Arbeitsmappe aufgreifen. Es bleibt Ihnen überlassen, ob Sie diese Aufgaben als zusätzliche **Übungsangebote** zur Verfügung stellen oder im Anschluss an eine Lerneinheit als **Test** einsetzen. Wichtig ist, dass den Kindern auch bei Tests die bekannten Hilfsmittel zur Verfügung stehen (s.o.). Um Ihnen die Überprüfung bzw. Korrektur der Arbeitsangebote und Tests zu erleichtern, finden Sie alle **Lösungen** auf den Seiten 46 bis 49.

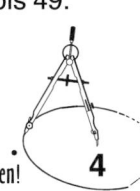

Bedeutungen von Symbolen

 Auf Landkarten stehen Symbole für verschiedene Dinge.
Denke dir ein einfaches Symbol für diese Gegenstände aus.
Das Beispiel hilft dir dabei.

1.  = 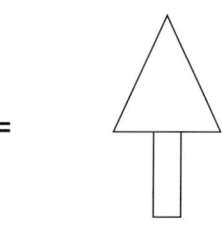	7. 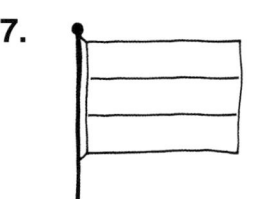 =	
2. 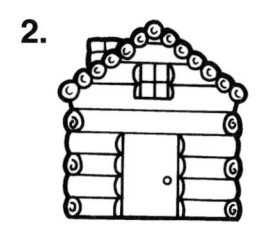 = 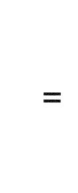	8. 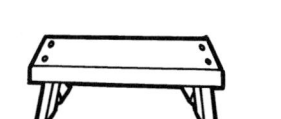 =	
3.  =	9.  =	
4.  = 	10.  =	
5.  =	11. 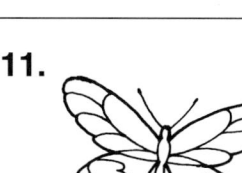 =	
6. 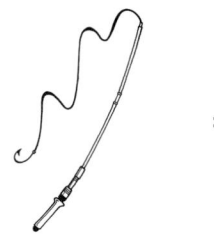 =	12.  =	

Ich lerne Landkarten lesen!

Eine Landkarte ausmalen

 Male die Landkarte aus. Achte auf die Legende.

	Legende	
1. Schlangenfluss		
2. Hügel	～～ blau	grün · · · schwarz
3. Fels		
4. Schwimmbad	⌢ orange	🏠 rot
5. Liegestühle		
6. Strand		⛰ braun · · · gelb · grau · rosa
7. Ameisenhügel		
8. Meer		
9. Berge		

Ich lerne Landkarten lesen!

Eine Legende lesen

 Beantworte die Fragen. Dabei helfen dir die Landkarte und die Legende.

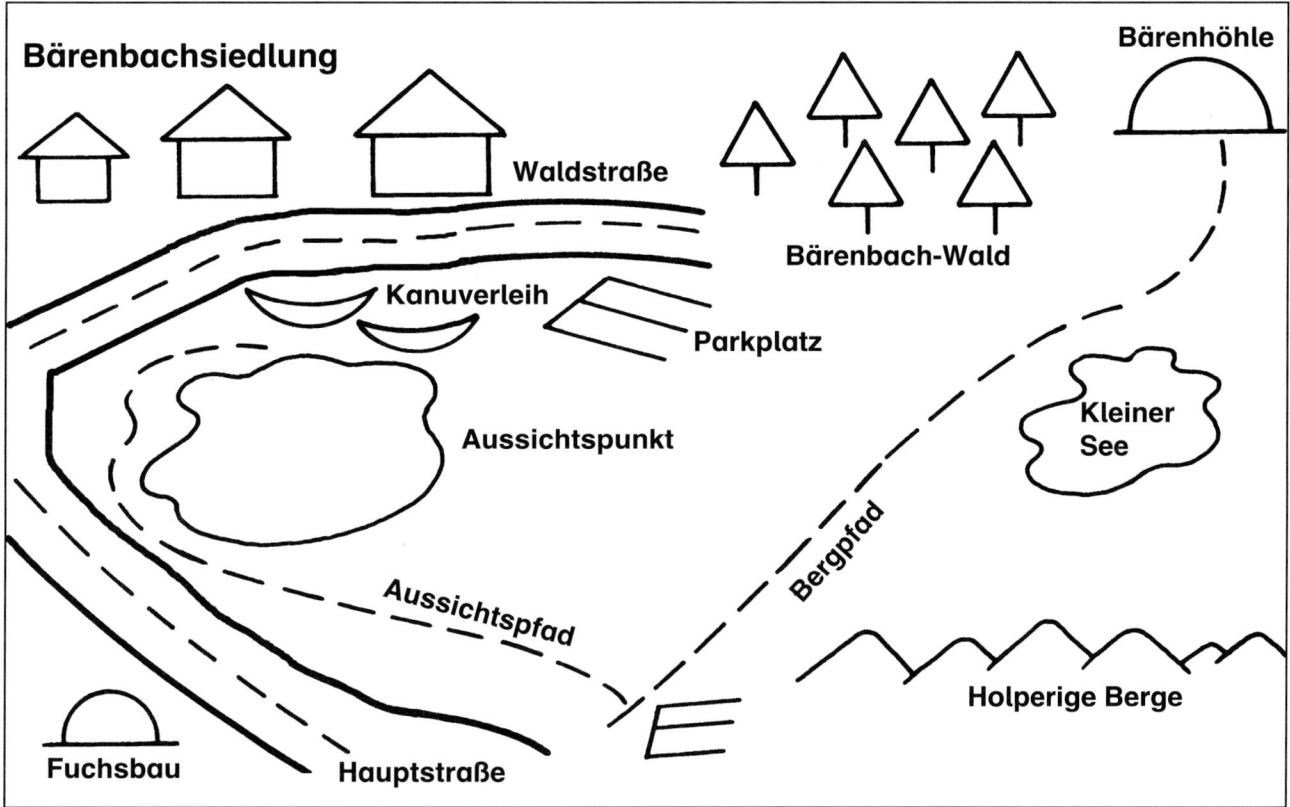

1. Wie viele Hütten gibt es in der Siedlung?
2. Wie heißt der Wald?
3. Welcher Wanderweg ist am nächsten am Kleinen See?
4. Ist der Kanuverleih näher an den Hütten oder näher am Fuchsbau?
5. Wie kommst du vom Fuchsbau zum Bärenbach-Wald?
6. Wie kommst du von der Bärenhöhle zum Kleinen See?

Ein neues Land: Monsterland

 Ein neues Land ist entdeckt worden.
Sieh dir die Landkarte an. Beantworte die Fragen.

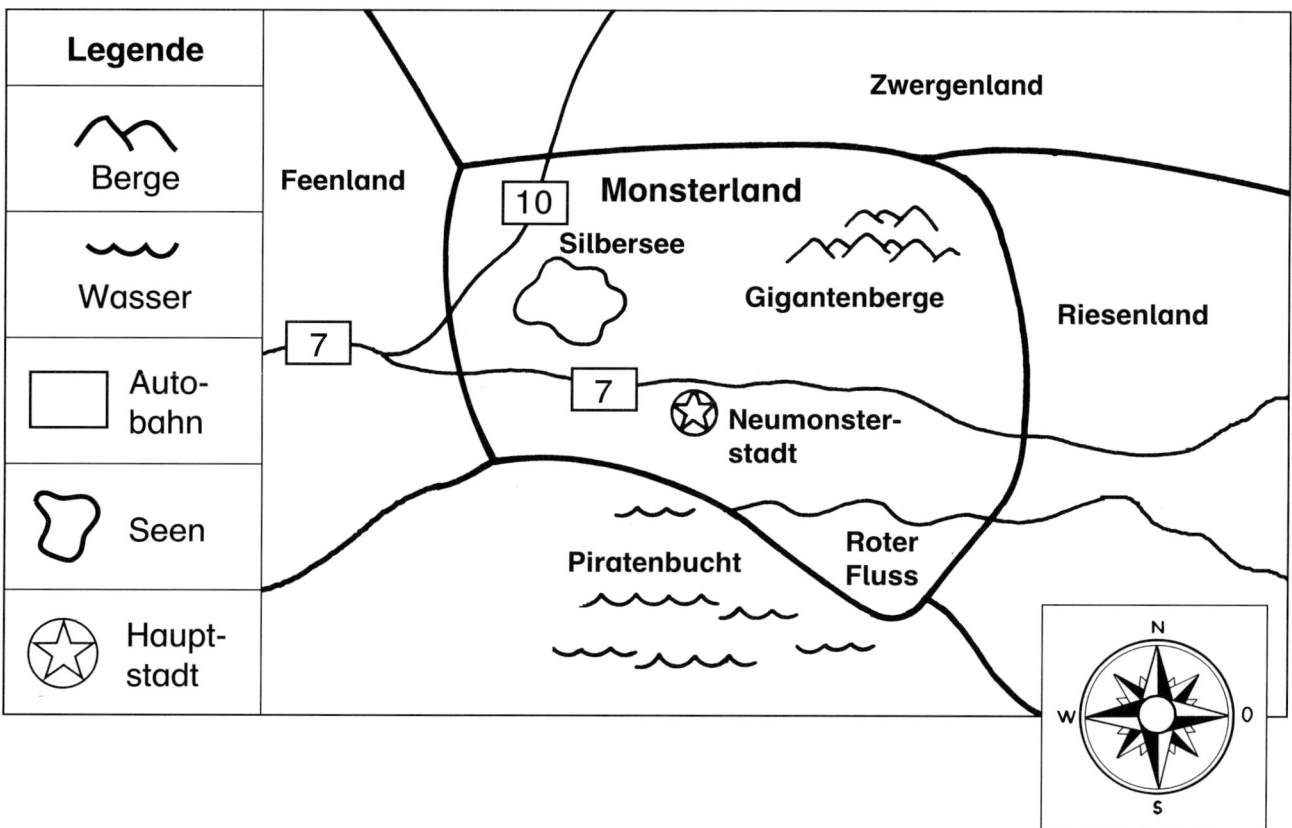

1. Wie heißen die Berge von Monsterland?
2. Wie heißt die Hauptstadt?
3. Liegt der Silbersee im östlichen oder westlichen Teil des Landes?
4. Liegt der Rote Fluss nördlich oder südlich von Neumonsterstadt?
5. Wo liegt die Piratenbucht?
6. Welche drei Länder grenzen an Monsterland?
7. Auf welcher Autobahn kannst du von Feenland nach Neumonsterstadt fahren?
8. Auf welcher Autobahn kannst du von Zwergenland nach Feenland fahren?
9. Liegt der Silbersee östlich oder westlich von Feenland?

Straßenschilder

 Was bedeuten die folgenden Schilder?
Zeichne eine Linie vom Schild
zur passenden Bedeutung.

1.  ○   Vorsicht, Seitenwind!

2.  ○   Achtung, Gegenverkehr!

3.  ○   Vorsicht, Bahnübergang!

4.  ○   Bald kommt eine Tankstelle!

5.  ○   Achtung, hier sind Kinder!

6.  ○   Achtung, kurvenreiche Strecke!

7.  ○   Ein Flugplatz ist in der Nähe!

Ich lerne Landkarten lesen!

Im Supermarkt

Gang 1 Obst 	**Gang 5** Süßigkeiten 
Gang 2 Gemüse 	**Gang 6** Brot und Kuchen 
Gang 3 Getränke 	**Gang 7** Körperpflege 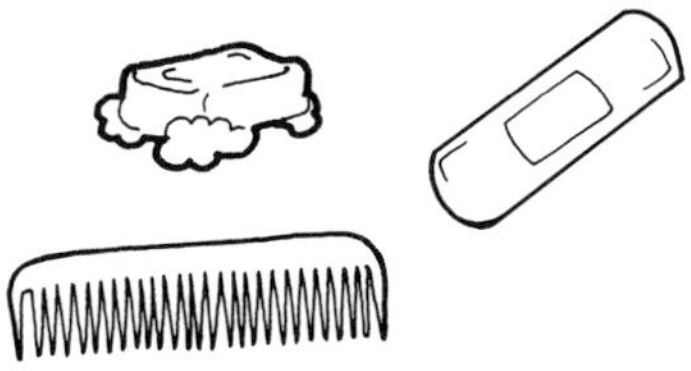
Gang 4 Fleisch 	**Gang 8** Tierbedarf 

 Findest du dich im Supermarkt zurecht? Schreibe auf, in welchem Gang du die folgenden Dinge findest.

1. Tomaten _____
2. Brötchen _____
3. Kuchen _____
4. Schinken _____
5. Milch _____
6. Hundefutter _____
7. Toilettenpapier _____
8. Hühnchen _____
9. Zahnpasta _____
10. Trauben _____

11. Orangensaft _____
12. Brot _____
13. Seife _____
14. Kekse _____
15. Rindfleisch _____
16. Mineralwasser _____
17. Vogelfutter _____
18. Zahnbürste _____
19. Limonade _____
20. Bananen _____

Ich lerne Landkarten lesen!

Eine Adresse schreiben

 Wenn du eine Adresse schreibst, musst du auch an den Straßennamen und die Hausnummer denken.

Max 53

Sarah 162

Bergstraße

213 Tina

Leonardstraße

Marie 19

Almastraße

Mozartstraße

Jens 7

68 Marcello

 Schreibe die Adresse auf.

1. Max wohnt in der _____

2. Sarah wohnt in der _____

3. Tina wohnt in der _____

4. Marie wohnt in der _____

5. Jens wohnt in der _____

6. Marcello wohnt in der _____

Häuser und Straßen

 Schaue dir die Karte an und schreibe auf, an welchen Straßen die Häuser stehen.

1. Melanies Haus liegt an der Ecke

_____ und _____.

2. Daniels Haus liegt an der Ecke

_____ und _____.

3. Lenas Haus liegt an der Ecke

_____ und _____.

4. Philipps Haus liegt an der Ecke

_____ und _____.

Urlaubsplanung

 Schreibe einfache Wegbeschreibungen, mit denen du von einem Geschäft zum nächsten kommst. Verwende dabei die folgenden Wörter:

Osten, Westen, Süden, Norden

Beispiel: Vom Landkartenladen zum Reisebüro:
Gehe 6 Schritte nach **Westen**.
Gehe dann 4 Schritte nach **Norden**.

Legende: ein Schritt

1. Vom Passbildladen zum Busunternehmen
2. Vom Fotogeschäft zum Reisebüro
3. Vom Busunternehmen zum Landkartenladen
4. Vom Ticketverkauf zu den Kreuzfahrten
5. Vom Landkartenladen zum Kofferladen

Norden, Süden, Osten und Westen

 Sieh dir die Karte an und beantworte die Frage.

Polizei

Bücherei

Birkenstraße

Kastanienallee 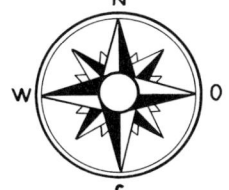 Kastanienallee

Bank

Feuerwehr

Birkenstraße

1. Welche Gebäude liegen nördlich der Kastanienallee?
2. Welche Gebäude liegen südlich der Kastanienallee?
3. Welche Gebäude liegen westlich der Birkenstraße?
4. Welche Gebäude liegen östlich der Birkenstraße?

In welche Richtung zeigen die folgenden Pfeile?

5.    6. 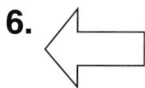   7.    8.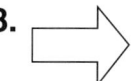

_____   _____   _____   _____

Ich lerne Landkarten lesen!

Folge den Himmelsrichtungen

 Male die Dinge entsprechend der Beschreibungen an.

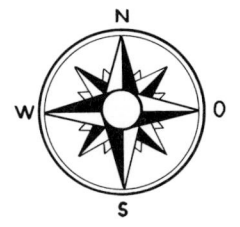

1. Male den Ball südlich von dem Mädchen rot an.
2. Male das Skateboard östlich von dem Rucksack orange an.
3. Male den Rucksack westlich von dem Jungen gelb an.
4. Male den Ball südlich von dem Rucksack grün an.
5. Male das Skateboard nördlich von dem Bleistift blau an.
6. Male den Rucksack östlich von dem Mädchen lila an.

Wegbeschreibungen geben

 Schreibe zwei verschiedene Beschreibungen dafür auf, wo sich die Tiere befinden.

| Bulldogge | Truthahn | Lamm | Schwein | Hase |
| Katze | Bär | Frosch | Kuh | Schildkröte |

links ← 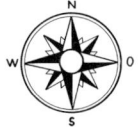 rechts →

Beispiel: Truthahn

Der Truthahn ist nördlich vom Bär.

Der Truthahn ist links vom Lamm.

1. Schwein

2. Bulldogge

3. Katze

4. Kuh

5. Schildkröte

Genauere Wegbeschreibungen

 Erkläre, wo die Gebäude stehen.
Benutze dazu die genaue Angabe der Himmelsrichtungen.
Neben Norden, Süden, Osten und Westen gibt es auch
Nordwesten, Nordosten, Südwesten, Südosten.

Sportgeschäft

Supermarkt

Kino

Campingplatz

Bücherei

Restaurant

1. Das Sportgeschäft liegt _____ der Bücherei.

2. Das Restaurant liegt _____ des Supermarkts.

3. Das Kino liegt _____ der Bücherei.

4. Der Campingplatz liegt _____ des Supermarkts.

Ich lerne Landkarten lesen!

Die Pizzafabrik

 Benutze die Zeichnung zur Beantwortung der Fragen.

Teig	Salami	Käse
Gemüse	Tomatensoße	Ananas

1. Was liegt südlich vom Käse? _____
2. Was liegt westlich von der Ananas? _____
3. Was liegt östlich vom Gemüse? _____
4. Was liegt westlich von der Salami? _____
5. Was ist links von der Ananas? _____
6. Was ist über der Tomatensoße? _____
7. Was ist unterhalb vom Teig? _____
8. Was ist zwischen der Ananas und dem Gemüse? _____
9. Was ist rechts vom Teig? _____
10. Was ist links von der Tomatensoße? _____
11. Was liegt nordwestlich von der Tomatensoße? _____
12. Was liegt nördlich von der Ananas und östlich von der Salami? _____
13. Was liegt südwestlich vom Käse? _____
14. Was liegt südöstlich vom Teig? _____
15. Was liegt südlich vom Teig und westlich von der Tomatensoße? _____

Ich lerne Landkarten lesen!

Schriftliche Wegbeschreibungen

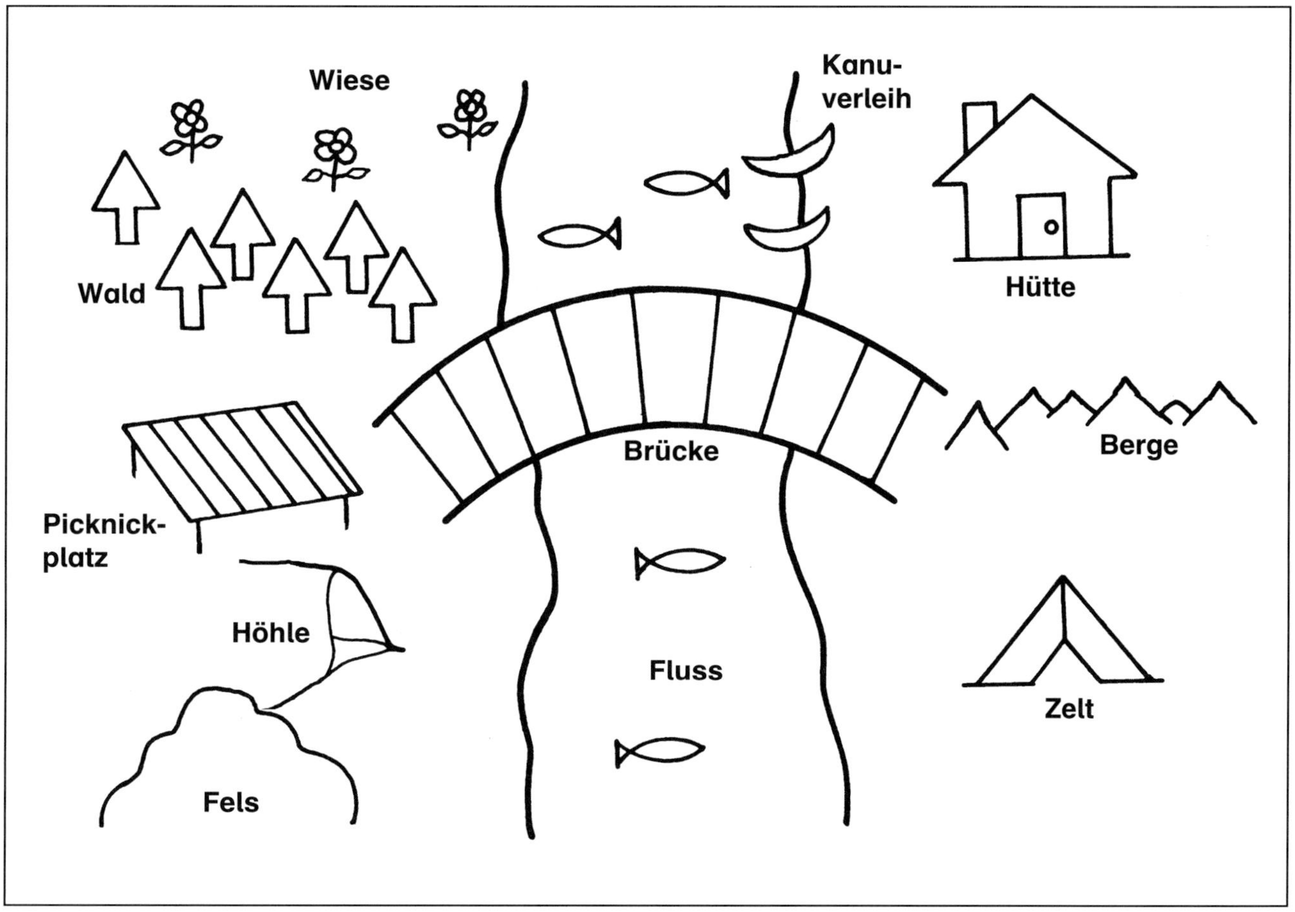

[Karte mit: Wald, Wiese, Kanuverleih, Hütte, Picknickplatz, Brücke, Berge, Höhle, Fluss, Zelt, Fels]

 Schreibe in dein Heft, wie man zu den einzelnen Orten kommt.

Beispiel: Vom Fels zum Zelt
- Gehe nach Norden.
- Biege nach rechts ab und gehe über die Brücke.
- Biege nach rechts ab und gehe nach Süden.

1. Vom Picknickplatz zur Hütte
2. Von der Höhle zum Zelt
3. Von der Wiese zu den Bergen
4. Vom Wald zu der Höhle
5. Vom Kanuverleih zu der Wiese
6. Von der Brücke zum Fels

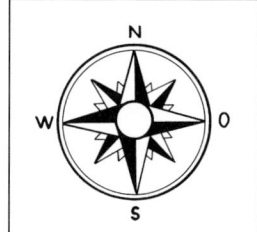

Diese Wörter helfen dir

neben • Osten • links • in der Nähe von • Norden • über • rechts • Süden • geradeaus • unter • Westen

Entfernungen (1)

 Miss mit einem Lineal die Entfernungen zwischen den Dingen, die zusammengehören. Rechne in Meter um.

Maßstab
1 Zentimeter = 5 Meter

1. Vom Tennisschläger zum Tennisplatz = _____ m
2. Von der Ballerina zur Ballettstange = _____ m
3. Vom Fußball zum Sportplatz = _____ m
4. Vom Hockeyschläger zum Sportplatz = _____ m
5. Vom Basketballspieler zum Basketballplatz = _____ m
6. Vom Drachen zum Sportplatz = _____ m

Ich lerne Landkarten lesen!

Entfernungen (2)

Miss mit einem Lineal die Entfernungen zwischen den Orten und beantworte die Fragen.

Maßstab
1 Zentimeter = 10 Meter

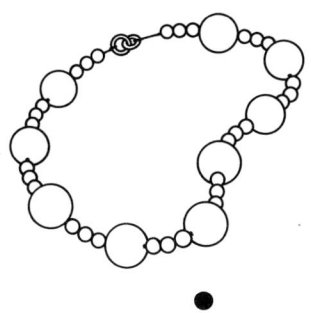
Bastelladen

Gärtnerei

Baumarkt

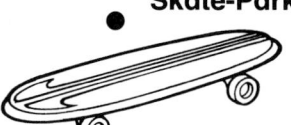
Skate-Park

Supermarkt

Zoo

1. Wie viele Meter sind es vom Zoo zum Supermarkt?
2. Wie viele Meter sind es vom Baumarkt zum Bastelladen?
3. Wie viele Meter sind es vom Skate-Park zur Gärtnerei?
4. Wie viele Meter sind es vom Baumarkt zum Supermarkt?

.... # Wie kommst du ans Ziel?

 Schreibe auf, wie man von einem Gegenstand zum anderen kommt. Du darfst nur nach links, nach rechts, nach oben und nach unten gehen.

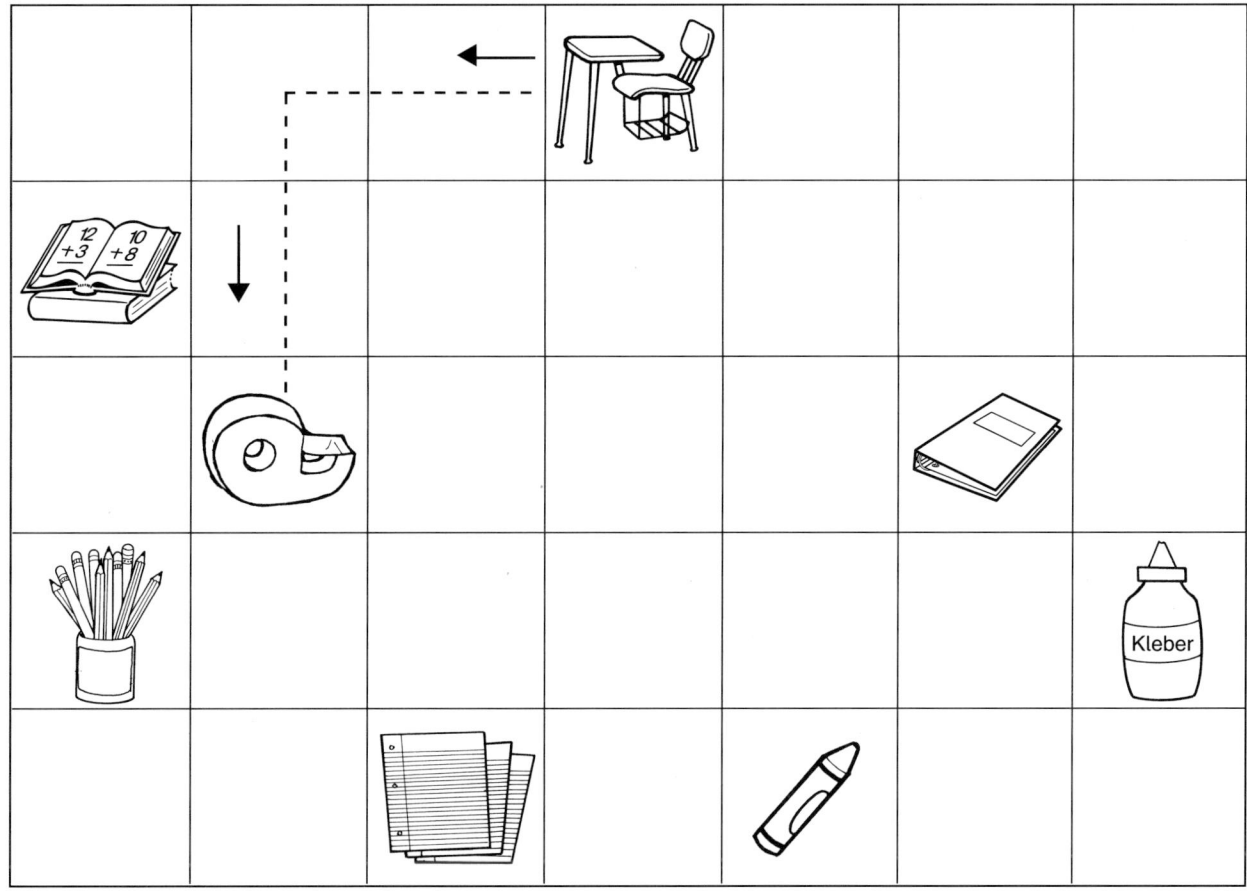

Ich lerne Landkarten lesen!

Welche Position?

 Schreibe die Position der Gegenstände auf. Das Beispiel hilft dir dabei.

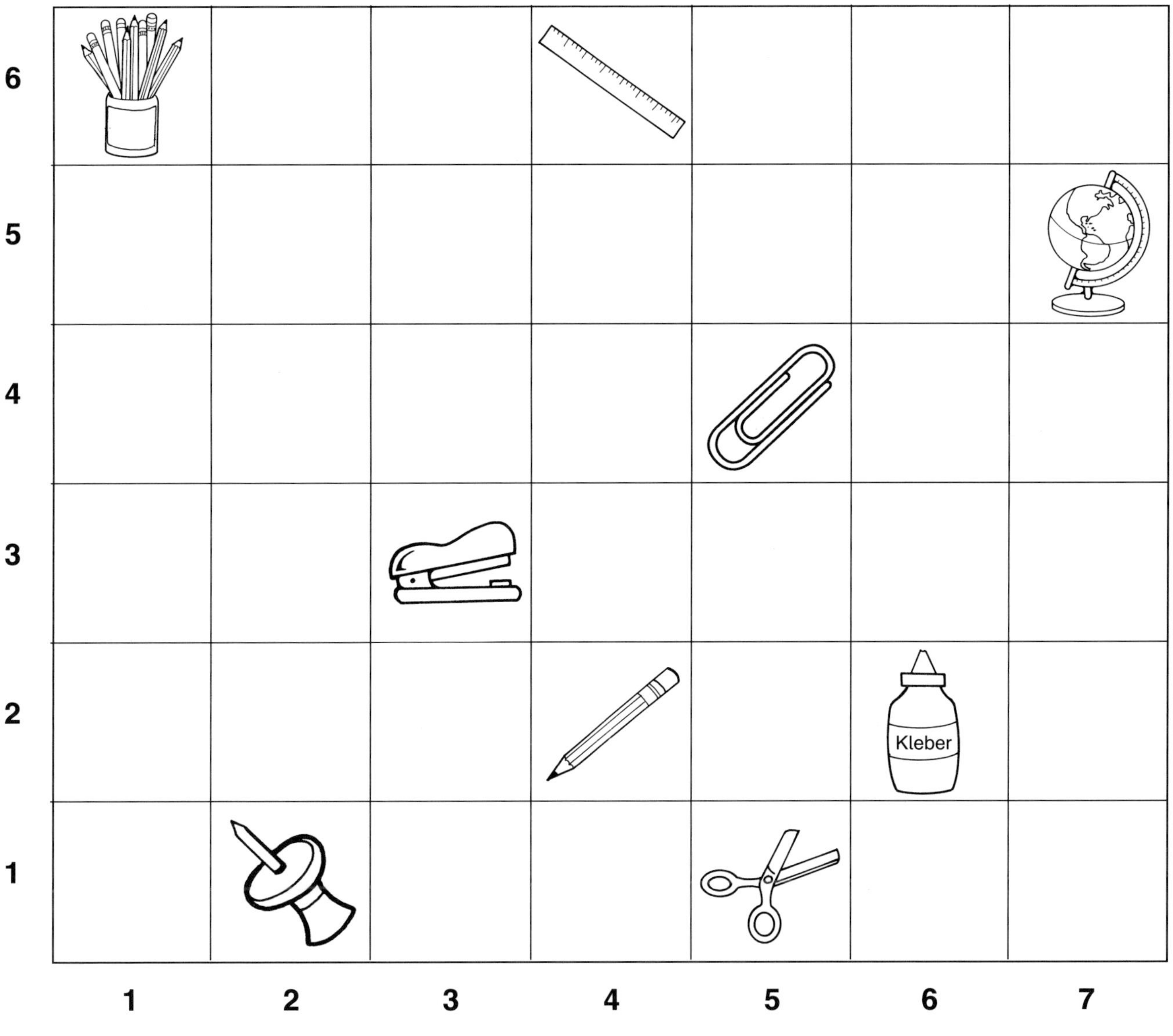

	nach rechts →	nach oben ↑
1. 📌	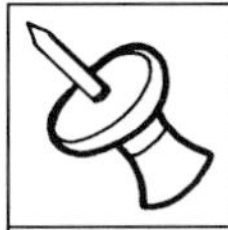 2	1
2. 🌐 		
3. 📎 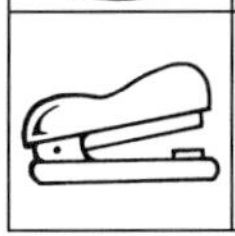		

	nach rechts →	nach oben ↑
4. 📎 		
5. 📏 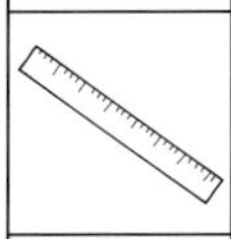		
6. Kleber 		

	nach rechts →	nach oben ↑
7. ✏️ 		
8. ✂️ 		
9. ✏️ 		

Ich lerne Landkarten lesen!

23

Koordinaten

 Schreibe die Koordinaten für die Tiere auf.
Die Koordinaten beschreiben die Position des Gegenstandes.
Achtung: Gehe zuerst nach rechts und danach nach oben.

1. Hase (6 / 4)
2. Schwein (___ / ___)
3. Katze (___ / ___)
4. Schaf (___ / ___)
5. Schildkröte (___ / ___)
6. Eisbär (___ / ___)
7. Kuh (___ / ___)
8. Frosch (___ / ___)
9. Hund (___ / ___)

Jede Form hat ihren Platz

 Finde die richtigen Koordinaten.
Zeichne die Formen dort ein, wo sie hingehören.
Achtung: Gehe zuerst nach rechts und danach nach oben.

1. ☆ (2 / 7)
2. ⌣ (5 / 1)
3. ☐ (4 / 1)
4. ◔ (6 / 8)
5. ○ (3 / 5)
6. ⌂ (5 / 3)
7. ↑ (1 / 4)
8. △ (1 / 3)
9. ♡ (6 / 6)

Sport und Spiel

 **Diese Sportgeräte liegen in Planquadraten.
Nenne zuerst den Buchstaben und dann die Zahl.**

1. Schläger	2. Fahrrad	3. Angel
A 6	_____	_____
4. Fußball	5. Helm	6. Flosse
_____	_____	_____
7. Tennisschläger	8. Segelboot	9. Schuh
_____	_____	_____

Ich lerne Landkarten lesen!

Der Golfplatz

 Das alles gibt es auf dem Golfplatz.
Schreibe die Planquadrate auf.
Achtung: Manchmal sind es mehrere Planquadrate.

1.	2.	3.	4.
A 4	G 1, 2		
5.	6.	7.	8.
9.	10.	11.	12.

Straßen in der Stadt

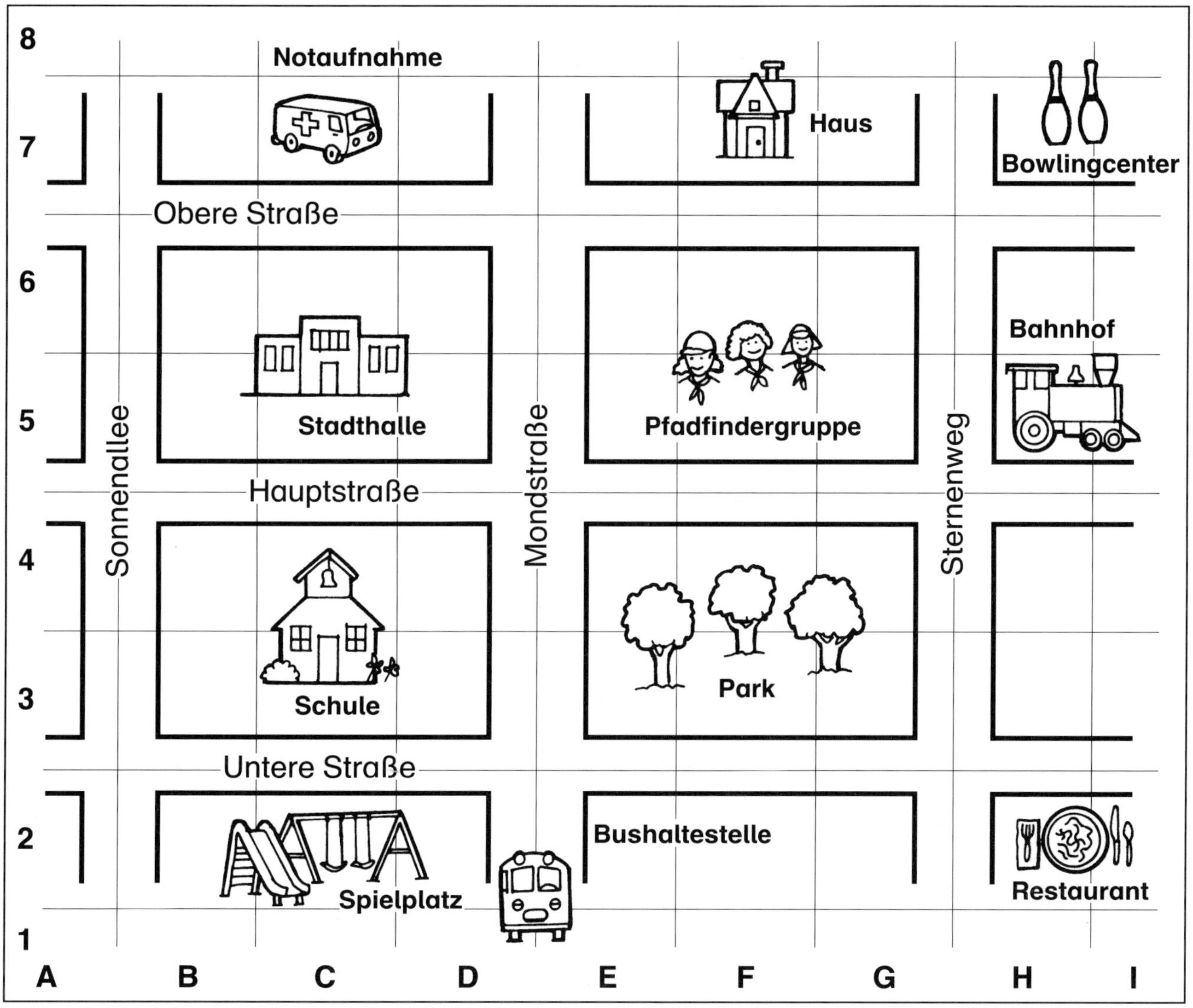

 Was befindet sich in folgenden Planquadraten?

1. C 3 _____ **2.** H 5 _____ **3.** C 2 _____

4. H 2 _____ **5.** F 5 _____ **6.** C 7 _____

 Welche Straßen verlaufen durch folgende Planquadrate?

7. C 6 _____ **8.** G 4 _____ **9.** B 1 _____

10. C 2 _____ **11.** D 5 _____ **12.** C 4 _____

Verschiedene Fahrzeuge

 Wie kannst du zu den Fahrzeugen gelangen?
Folge den Wegbeschreibungen.

Wegbeschreibung Nr. 1
1. Starte bei A.
2. Gehe 3 Kästchen nach Süden.
3. Gehe 4 Kästchen nach Osten.
4. Schreibe hier das Fahrzeug auf:

_____

Wegbeschreibung Nr. 2
1. Starte bei B.
2. Gehe 1 Kästchen nach Norden.
3. Gehe 4 Kästchen nach Westen.
4. Schreibe hier das Fahrzeug auf:

_____

Wegbeschreibung Nr. 3
1. Starte bei C.
2. Gehe 2 Kästchen nach Süden.
3. Gehe 2 Kästchen nach Westen.
4. Schreibe hier das Fahrzeug auf:

_____

Wegbeschreibung Nr. 4
1. Starte bei D.
2. Gehe 5 Kästchen nach Norden.
3. Gehe 1 Kästchen nach Osten.
4. Schreibe hier das Fahrzeug auf:

_____

Ich lerne Landkarten lesen!

Auf der Bundesstraße

 Sieh dir die Karte an und beantworte die Fragen.

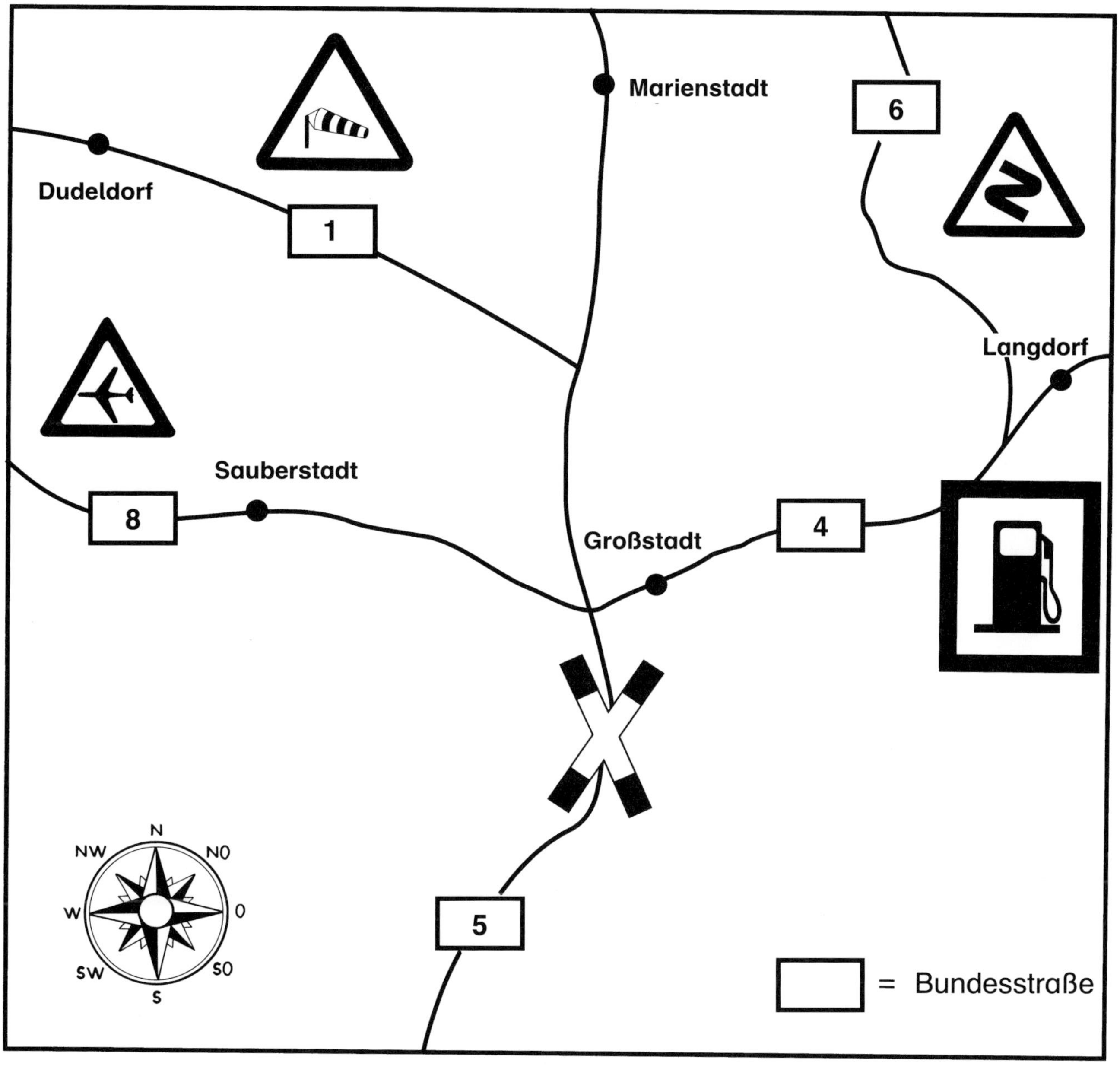

1. An welcher Bundesstraße ist eine Tankstelle?
2. Welches Straßenschild ist an der Bundesstraße 8?
3. Welche Bundesstraße hat viele Kurven?
4. An welcher Bundesstraße gibt es Seitenwind?
5. Welches Straßenschild ist in der Nähe von Sauberstadt?
6. Welche Bundesstraße kreuzen Zugschienen?

Ich lerne Landkarten lesen!

Ausflugsziele

 Wie kommst du von einem Ausflugsziel zum nächsten?

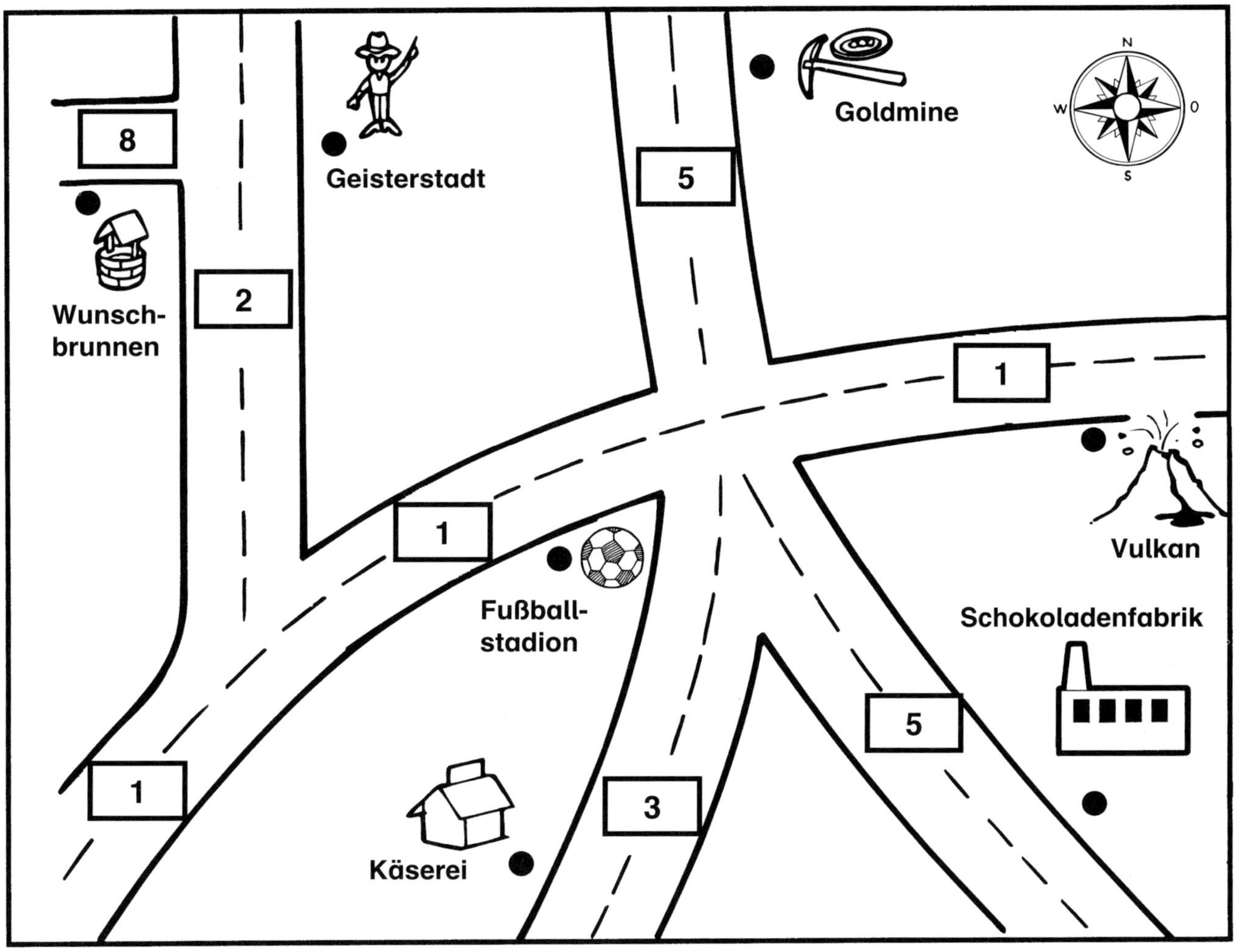

Beispiel: Vom Wunschbrunnen zum Fußballstadion:
Fahre auf der Bundesstraße 8 nach Osten, dann auf der Bundesstraße 2 nach Süden. Wechsle dann auf die Bundesstraße 1 nach Osten.

1. Von der Goldmine zum Vulkan

2. Von der Käserei zur Geisterstadt

3. Von der Schokoladenfabrik zum Wunschbrunnen

4. Von der Geisterstadt zum Fußballstadion

5. Vom Wunschbrunnen zur Käserei

Ich lerne Landkarten lesen!

Versteckter Schatz

Folge der Wegbeschreibung und zeichne den Weg zum versteckten Schatz ein. Starte bei X.

Wegbeschreibung:

1. Gehe nach oben und nach links über die Baumkrone der .

2. Gehe nach Westen, vorbei am .

3. Gehe zwischen den  durch.

4. Halte am  an.

5. Gehe um die nördliche Seite der  herum.

6. Gehe nach Süden, bis du zum  kommst.

7. Gehe unterhalb des  vorbei.

8. Gehe nach Norden, an der westlichen Seite der  vorbei.

9. Gehe nach Norden, bis du den Schatz erreichst.

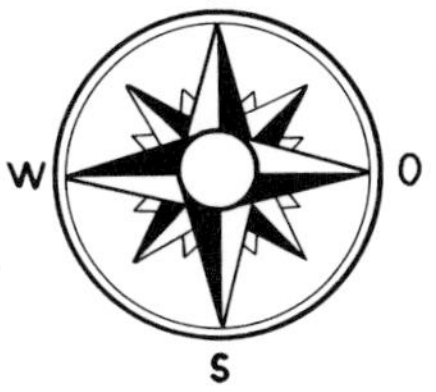

Deutschlandkarte

 Hier siehst du eine Karte von Deutschland. Sie hilft dir dabei, die Aufgaben zu bearbeiten.

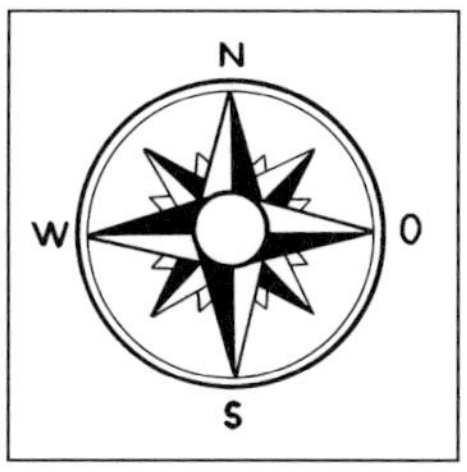

1. In welchem Bundesland wohnst du? Male es rot an.
2. Welche Bundesländer grenzen an dein Bundesland? Male sie gelb an.
3. Wie heißt das Land nördlich von Deutschland? Male es orange an.
4. Wie heißen die Länder westlich von Deutschland? Male sie grün an.
5. Wie heißen die Länder östlich von Deutschland? Male sie blau an.
6. Wie heißen die Länder südlich von Deutschland? Male sie lila an.

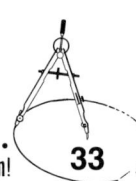

Ich lerne Landkarten lesen!

Die Erde

 **Schaue dir die Karte von der Erde an.
Bearbeite dann die Aufgaben.**

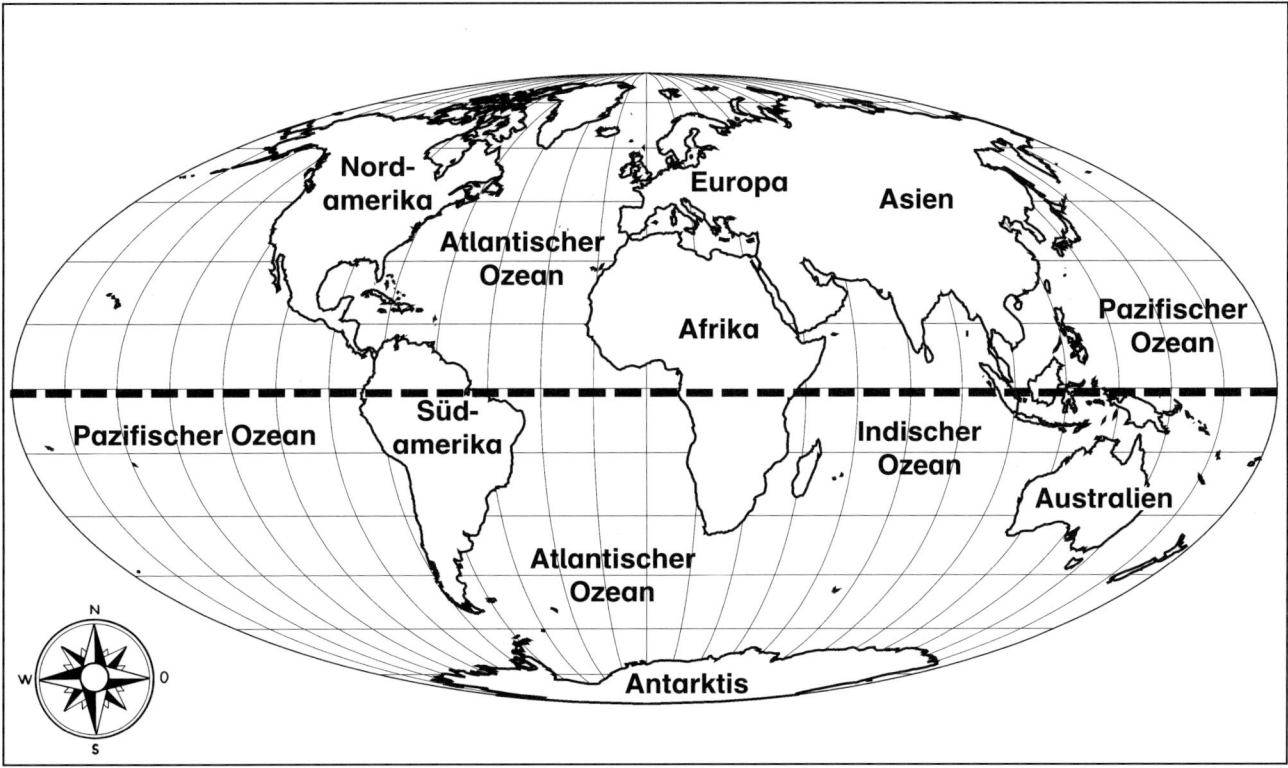

Achtung:
Manche Kontinente liegen in der nördlichen **und** in der südlichen Hemisphäre.

1. Die **gestrichelte Linie** gibt es nicht wirklich. Sie wird nur auf Landkarten dargestellt. Sie heißt **Äquator**. Der Äquator teilt die Erde in zwei Hälften. Jede Hälfte heißt **Halbkugel** oder **Hemisphäre**. Male den Äquator rot an.

2. Diese Kontinente liegen nördlich des Äquators in der **nördlichen Hemisphäre**:

   _____

   Male diese Kontinente gelb an.

3. Diese Kontinente liegen südlich des Äquators in der **südlichen Hemisphäre**:

   _____

   Male diese Kontinente grün an.

4. Die Meere auf dieser Karte heißen:

   _____

   Male die Meere blau an.

Ich lerne Landkarten lesen!

Kontinente und Meere

Der Großteil der Erde ist von Wasser bedeckt. Diese riesigen Wassermassen heißen **Meere** oder **Ozeane**. Auf der Erde gibt es sieben **Kontinente** und drei **Weltmeere**.

 Benenne die Weltmeere und die Kontinente auf der Karte.

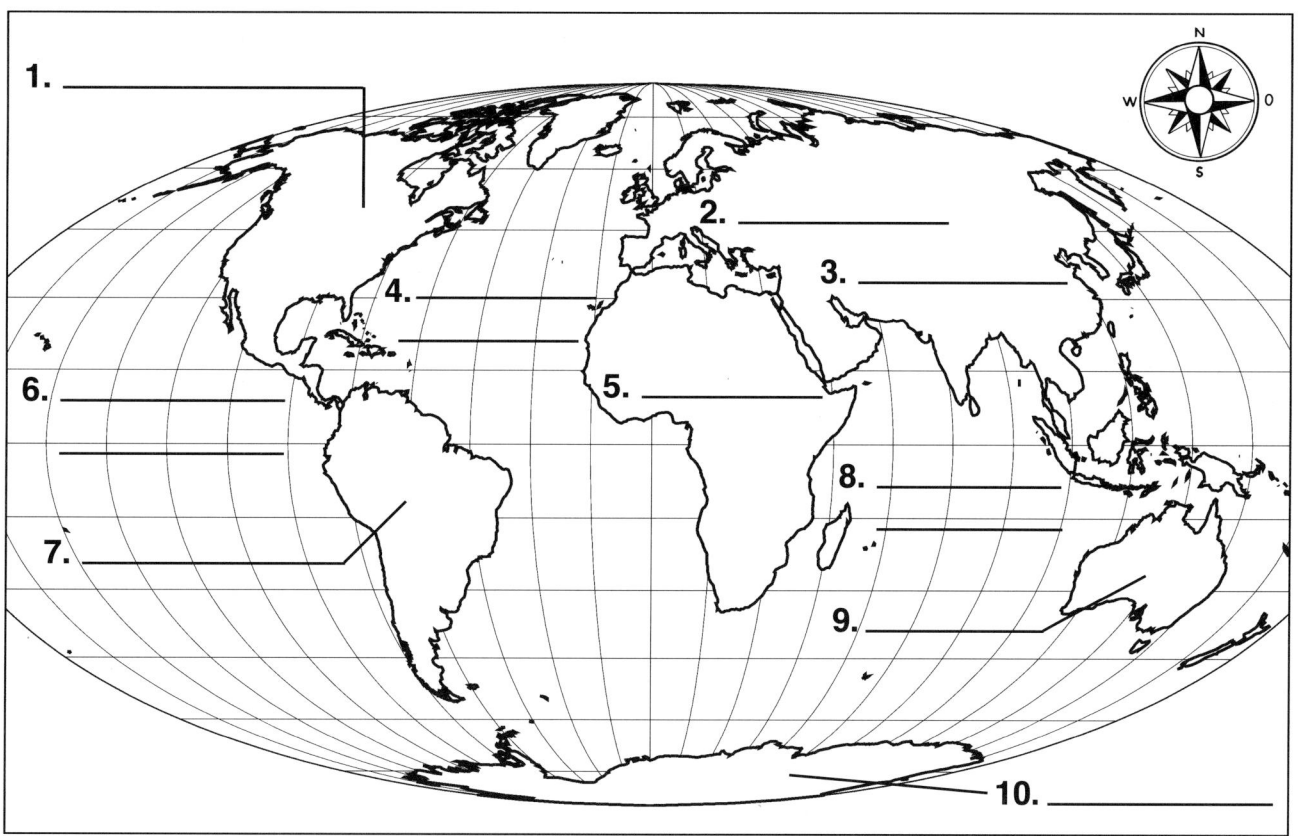

Meeres-Tipps
- Der Pazifische Ozean liegt westlich von Nordamerika und Südamerika.
- Der Atlantische Ozean liegt zwischen Amerika und Afrika.
- Der Indische Ozean liegt zwischen Afrika, Asien und Australien.

Kontinente-Tipps
- Die Antarktis liegt im südlichsten Teil dieser Karte.
- Australien liegt südlich von Asien und nördlich der Antarktis.
- Südamerika liegt südlich von Nordamerika und westlich von Afrika.
- Nordamerika liegt zwischen dem Pazifischen Ozean und dem Atlantischen Ozean.
- Afrika liegt südlich von Europa.
- Asien liegt östlich von Europa.

Die Notaufnahme

 Dies ist ein Plan von der Notaufnahme im Krankenhaus.
Sieh ihn dir gut an und beantworte die Fragen.

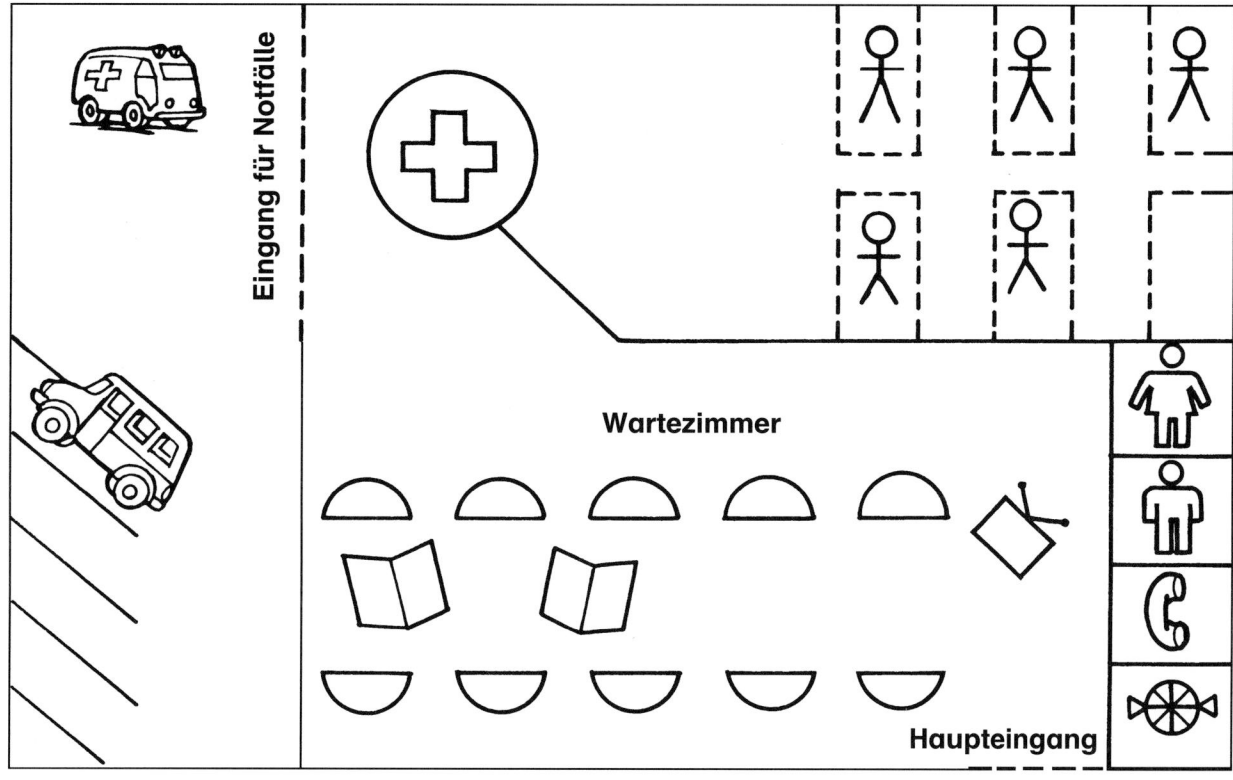

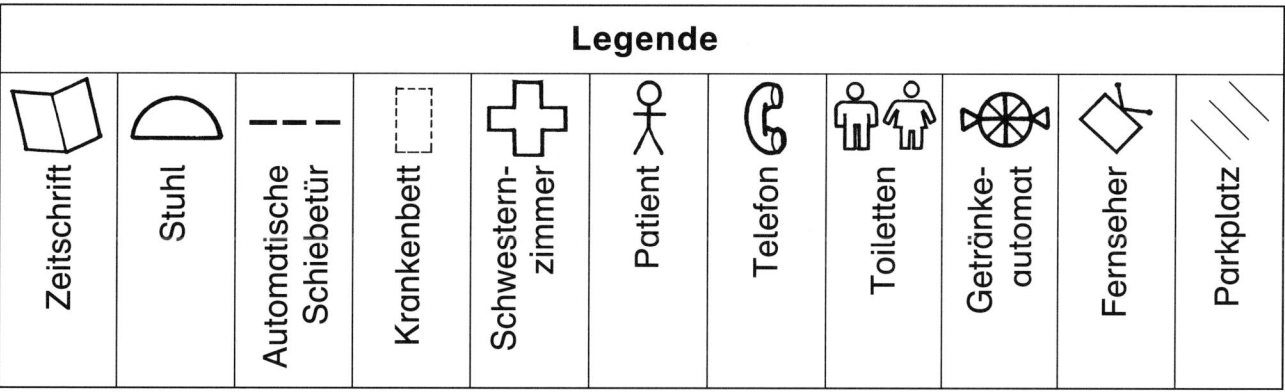

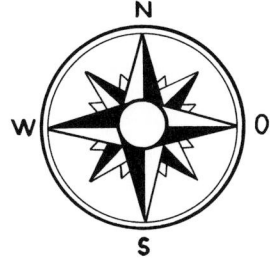

1. Auf welcher Seite des Gebäudes liegt der Eingang für Notfälle?
2. Liegt das Wartezimmer südlich vom Schwesternzimmer?
3. Auf welcher Seite des Wartezimmers sind die Toiletten?
4. Wie viele Leute können im Wartezimmer sitzen?
5. Wie viele Betten sind in der Notaufnahme?
6. Wie viele Patienten befinden sich in der Notaufnahme?
7. Ist der Parkplatz nördlich oder südlich vom Krankenwagen?
8. Was können die Leute tun, die im Wartezimmer sitzen?

Ich lerne Landkarten lesen!

.... Karte deines Klassenzimmers

 Zeichne einen Plan von deinem Klassenzimmer.
Verwende die Symbole aus der Legende.

Legende		
Fenster ⊞	Tür ◸	Tafel ⎕
Tisch ▭	Stuhl ⌒	Mülleimer ⌭
Waschbecken ⌣	Regal ▤	Teppich ▬

Ich lerne Landkarten lesen!

Monsterland-Schule

 Hier siehst du das Gebäude der Monsterland-Schule. Findest du dich zurecht? Beantworte die Fragen.

3. Etage	Musiksaal, Raum 31	6. Klasse, Raum 32	Toiletten, Raum 33	Computerraum, Raum 34	
2. Etage	3. Klasse, Raum 21	Bibliothek, Raum 22		4. Klasse, Raum 23	Treppenhaus
1. Etage	Turnhalle, Raum 11	1. Klasse, Raum 12	5. Klasse, Raum 13	2. Klasse, Raum 14	
Erdgeschoss	Kunstsaal, Raum 01	Kindergarten, Raum 02	Cafeteria, Raum 03	Büro der Schulleiterin, Raum 04	

1. In welcher Etage ist das Büro der Schulleiterin?
2. Ist der Computerraum näher am Musiksaal oder näher am Kunstsaal?
3. Welche Klassenzimmer sind genau unter der Bibliothek?
4. Was liegt neben dem Raum der 2. Klasse?
5. In welcher Etage sind die Toiletten?
6. Wofür wird Raum 11 genutzt?
7. In welchem Raum sind die Sechstklässler?
8. In welcher Etage ist der Kunstsaal?

Ich lerne Landkarten lesen!

Mein Lieblingsplatz

 Zeichne einen Plan von deinem Lieblingsplatz. Denke auch an die Legende.

 Denke dir dann zwei Fragen aus. Die anderen Kinder sollen sie beantworten können, wenn sie deinen Plan benutzen.

Legende

1. _____

2. _____

Test- und Übungsseite 1

 Male das Kästchen unter der richtigen Antwort aus.

1. Welches Symbol steht für „Wald"?

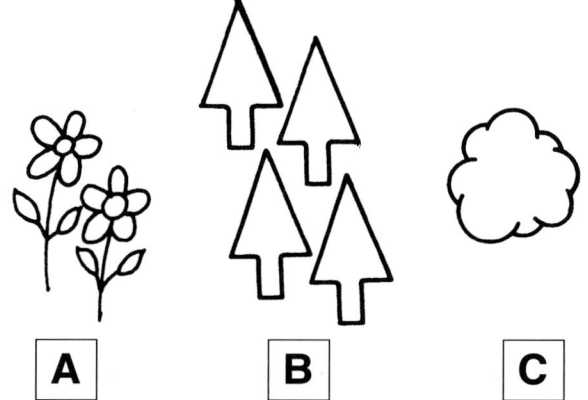

A   B   C

2. Wie viele Hütten stehen hier?

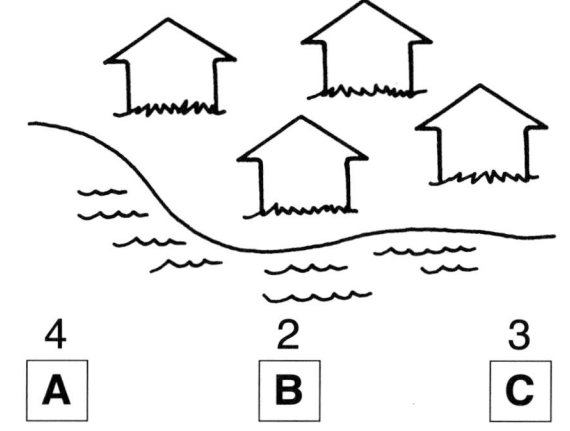

4   2   3
A   B   C

3. Welches Symbol steht für „Wasser"?

A   B   C

4. Welches Zeichen bedeutet „Vorsicht, Seitenwind!"?

A   B   C

5. Wie heißt der Berg?

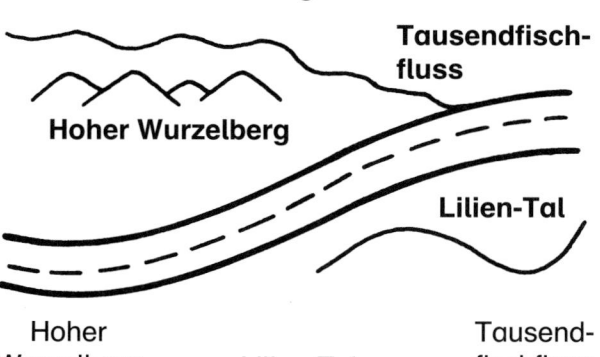

Hoher Wurzelberg   Lilien-Tal   Tausendfischfluss
A   B   C

6. Welches Zeichen bedeutet „Achtung, Gegenverkehr!"?

A   B   C

Test- und Übungsseite 2

 Male das Kästchen unter der richtigen Antwort aus.

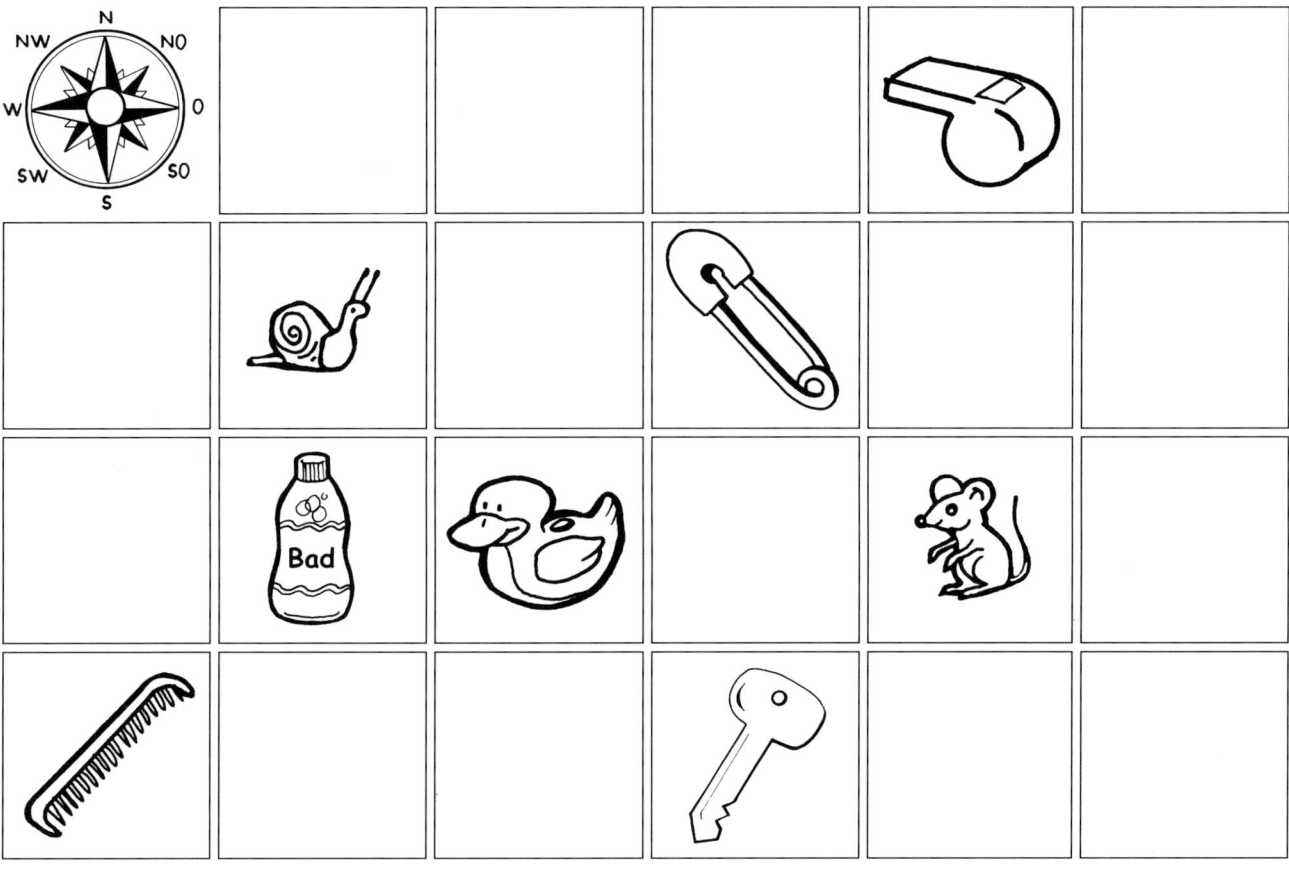

1. Wie viele Schritte musst du gehen, um vom Kamm zum Schlüssel zu gelangen? (Beachte: ein Kästchen = 1 Schritt)

5	1	3
A	B	C

2. Was ist nördlich von dem Badeschaum?

| A | B | C |

3. Was ist nordöstlich von dem Schlüssel?

| A | B | C |

4. Was ist links von der Ente?

| A | B | C |

Test- und Übungsseite 3

Male das Kästchen unter der richtigen Antwort aus.

1. Welche Wegbeschreibung ist richtig, um von der Eisdiele zum Tierladen zu gelangen?

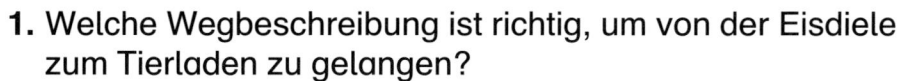

| A | Gehe auf der Schulstraße nach Osten. Biege nach Norden in die Hauptstraße. | B | Gehe auf der Schulstraße nach Westen. | C | Gehe auf der Hauptstraße nach Osten. Biege nach Norden in die Schulstraße ein. |

2. Was fehlt bei dieser Adresse?

Anna Lieblich
Würzstraße
55523 Stöppihausen

| Name | Hausnummer | Straßenname |
| A | B | C |

3. An welchen Straßen wohnt Michel?

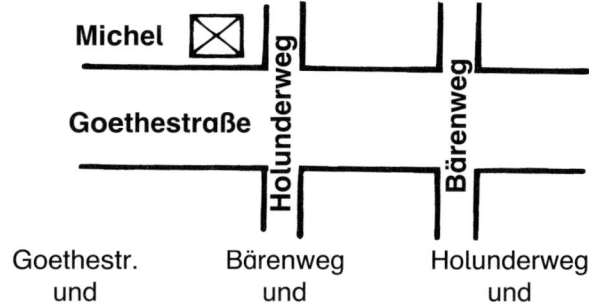

| Goethestr. und Bärenweg | Bärenweg und Holunderweg | Holunderweg und Goethestr. |
| A | B | C |

4. Wie viele Kilometer sind es von Annas Haus zu Jakobs Haus?

1 cm = 1 Kilometer

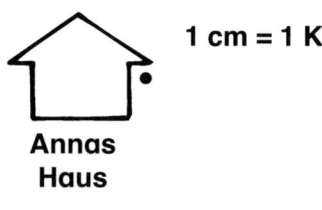 

| 1 Kilometer | 4 Kilometer | 10 Kilometer |
| A | B | C |

5. Zwischen welchen Straßen liegt Winnis Haus?

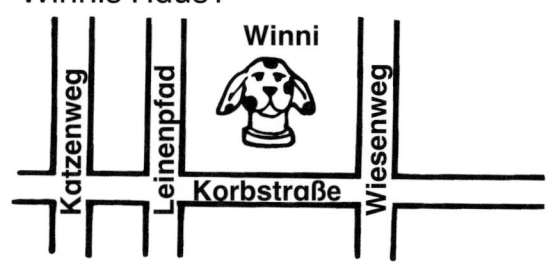

| Katzenweg / Leinenpfad | Leinenpfad / Wiesenweg | Korbstraße / Katzenweg |
| A | B | C |

Ich lerne Landkarten lesen!

Test- und Übungsseite 4

 Male das Kästchen unter der richtigen Antwort aus.

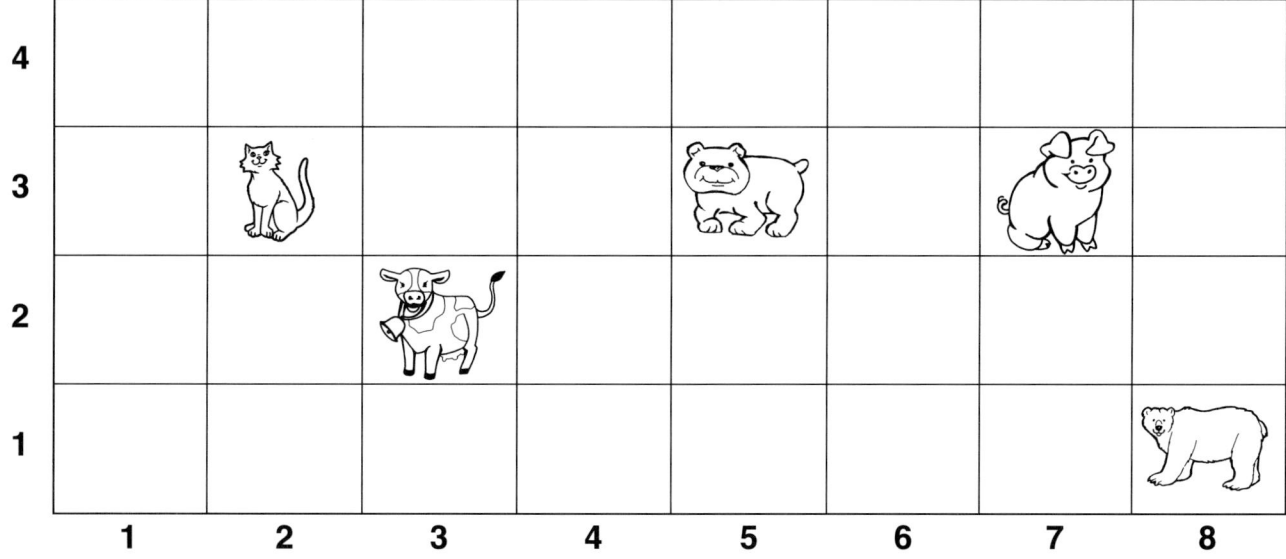

1. Was ist an der Koordinate (3 / 2)

   A   B   C

2. Wie lautet die Koordinate für die Bulldogge?

(3 / 5)   (5 / 3)   (8 / 1)
 A   B   C

3. Gehe 7 Schritte nach rechts und 3 nach oben. Was ist dort?

   A   B   C

4. Wie lautet die Koordinate für den Bären?

(3 / 5)   (5 / 3)   (8 / 1)
 A   B   C

5. Was ist nördlich vom Stern?

   A   B   C

6. Was ist östlich vom Stern?

   A   B   C

Ich lerne Landkarten lesen!

Test- und Übungsseite 5

 Male das Kästchen unter der richtigen Antwort aus.

	A	B	C	D	E	F
6 Ameisenweg		Bibliothek				
5 Vogelstraße				♥	Frau Grün	
4 Katzenweg	Park	Kakaostraße	Limoweg	Wasserweg	Kaffeeweg	
3 Dinostraße						
2 Eierstraße	Teestraße	Milchweg		Toms Haus		
1 Fischweg						★

1. In welcher Straße wohnt Frau Grün?

Vogelstraße	Katzenweg	Dinostraße
A	B	C

2. An welchen Straßen liegt Toms Haus?

Kaffeeweg / Fischweg	Limoweg / Vogelstraße	Limoweg / Eierstraße
A	B	C

3. Wo liegt die Bibliothek?

C 6	C 5	B 6
A	B	C

4. In welchem Planquadrat liegt das Herz?

F 1	D 5	D 4
A	B	C

5. Zwischen welchen zwei Straßen liegt der Park?

Kakaostraße / Katzenweg	Vogelstraße / Ameisenweg	Teestraße / Milchweg
A	B	C

6. In welchem Planquadrat liegt der Stern?

D 5	F 1	F 2
A	B	C

Ich lerne Landkarten lesen! 44

Test- und Übungsseite 6

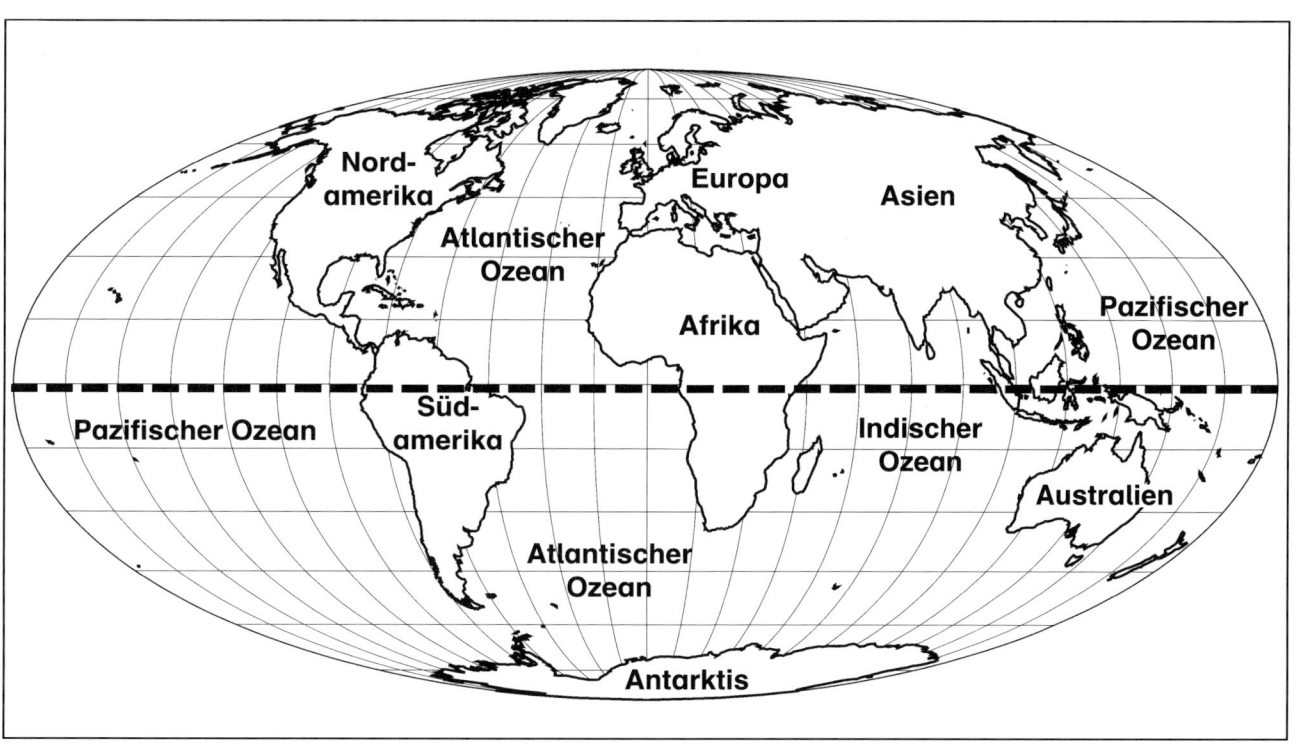

 Male das Kästchen unter der richtigen Antwort aus.

1. Wie viele Kontinente gibt es?	2. Wie heißt das Meer vor der Westküste von Australien?
5 6 7 A B C	Pazifischer Ozean Indischer Ozean Arktischer Ozean A B C
3. Welcher der folgenden Namen ist der Name eines Meeres?	4. Welcher Kontinent liegt vollständig in der nördlichen Hemisphäre?
Mystischer Ozean Pazifischer Ozean Westlicher Ozean A B C	Europa Südamerika Afrika A B C
5. Welcher Kontinent liegt nördlich von Südamerika?	6. Welcher Kontinent liegt genau südlich von Europa?
Europa Australien Nordamerika A B C	Australien Asien Afrika A B C

Ich lerne Landkarten lesen!

Lösungen

Seite 5
Bedeutungen von Symbolen

Die Zeichnungen der Kinder können sich voneinander unterscheiden.

Seite 6
Eine Landkarte ausmalen

Überprüfen Sie, ob alle Symbole richtig angemalt sind.

Seite 7
Eine Legende lesen

1. 3
2. Bärenbach-Wald
3. Bergpfad
4. Hütten
5. Mit dem Auto auf der Hauptstraße, dann auf der Waldstraße
6. Zu Fuß auf dem Bergpfad

Seite 8
Ein neues Land: Monsterland

1. Gigantenberge
2. Neumonsterstadt
3. Im westlichen Teil
4. Südlich
5. Südlich von Monsterland
6. Zwergenland, Riesenland, Feenland
7. Autobahn 7
8. Autobahn 10
9. Östlich

Seite 9
Straßenschilder

1. Achtung, kurvenreiche Strecke!
2. Ein Flugplatz ist in der Nähe!
3. Achtung, Gegenverkehr!
4. Achtung, hier sind Kinder!
5. Vorsicht, Bahnübergang!
6. Vorsicht, Seitenwind!
7. Bald kommt eine Tankstelle!

Seite 10
Im Supermarkt

1. Gang 2
2. Gang 6
3. Gang 6
4. Gang 4
5. Gang 3
6. Gang 8
7. Gang 7
8. Gang 4
9. Gang 7
10. Gang 1
11. Gang 3
12. Gang 6
13. Gang 7
14. Gang 5
15. Gang 4
16. Gang 3
17. Gang 8
18. Gang 7
19. Gang 3
20. Gang 1

Seite 11
Eine Adresse schreiben

1. Leonardstraße 53
2. Bergstraße 162
3. Bergstraße 213
4. Almastraße 19
5. Leonardstraße 7
6. Mozartstraße 68

Seite 12
Häuser und Straßen

1. Rosinenstraße und Traubenweg
2. Bananenweg und Traubenweg
3. Rosinenstraße und Pflaumenstraße
4. Pflaumenstraße und Rosinenstraße

Seite 13
Urlaubsplanung

1. Gehe 3 Schritte nach Süden. Biege nach Westen ab und mache einen Schritt. Oder: Gehe einen Schritt nach Westen und 3 Schritte nach Süden.
2. Gehe 5 Schritte nach Norden. Biege nach Westen ab und gehe 4 Schritte. Oder: Gehe 4 Schritte nach Westen und 5 Schritte nach Norden.
3. Gehe 5 Schritte nach Osten, dann einen Schritt nach Süden. Oder: Gehe einen Schritt nach Süden und dann 5 Schritte nach Osten.
4. Gehe 4 Schritte nach Süden, dann 6 Schritte nach Westen. Oder: Gehe 6 Schritte nach Westen und dann 4 Schritte nach Süden.
5. Gehe 2 Schritte nach Norden, dann 3 Schritte nach Westen. Oder: Gehe 3 Schritte nach Westen und dann 2 Schritte nach Norden.

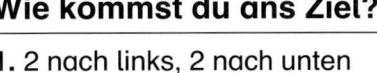

Lösungen

Seite 14
Norden, Süden, Osten und Westen

1. Polizei und Bücherei
2. Bank und Feuerwehr
3. Polizei und Bank
4. Bücherei und Feuerwehr
5. Norden
6. Westen
7. Süden
8. Osten

Seite 15
Folge den Himmelsrichtungen

Kontrollieren Sie, ob die Gegenstände richtig angemalt wurden.

Seite 16
Wegbeschreibungen geben

Verschiedene Antworten sind möglich.

Seite 17
Genauere Wegbeschreibungen

1. nordwestlich
2. südöstlich
3. nordöstlich
4. südwestlich

Seite 18
Die Pizzafabrik

1. Ananas
2. Tomatensoße
3. Tomatensoße
4. Teig
5. Tomatensoße
6. Salami
7. Gemüse
8. Tomatensoße
9. Salami
10. Gemüse
11. Teig
12. Käse
13. Tomatensoße
14. Tomatensoße
15. Gemüse

Seite 19
Schriftliche Wegbeschreibungen

Verschiedene Antworten sind möglich.

Seite 20
Entfernungen (1)

1. 45 m
2. 30 m
3. 30 m
4. 25 m
5. 20 m
6. 15 m

Seite 21
Entfernungen (2)

1. 100 Meter
2. 70 Meter
3. 50 Meter
4. 40 Meter

Seite 22
Wie kommst du ans Ziel?

1. 2 nach links, 2 nach unten
2. 2 nach links, 0 nach oben oder unten
3. 1 nach rechts, 1 nach unten
4. 0 nach links oder rechts, 2 nach oben
5. 4 nach rechts, 1 nach unten
6. 5 nach links, 1 nach oben
7. 5 nach rechts, 1 nach unten
8. 1 nach rechts, 4 nach oben

Seite 23
Welche Position?

1. 2 nach rechts, 1 nach oben
2. 7 nach rechts, 5 nach oben
3. 3 nach rechts, 3 nach oben
4. 5 nach rechts, 4 nach oben
5. 4 nach rechts, 6 nach oben
6. 6 nach rechts, 2 nach oben
7. 4 nach rechts, 2 nach oben
8. 5 nach rechts, 1 nach oben
9. 1 nach rechts, 6 nach oben

Seite 24
Koordinaten

1. (6 / 4)
2. (1 / 5)
3. (8 / 1)
4. (7 / 6)
5. (5 / 2)
6. (3 / 8)
7. (4 / 7)
8. (3 / 4)
9. (2 / 3)

Seite 25
Jede Form hat ihren Platz

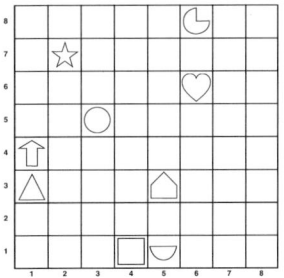

Lösungen

Seite 26
Sport und Spiel

1. A 6
2. F 1
3. C 4
4. C 1
5. E 2
6. G 3
7. F 5
8. H 2
9. A 3

Seite 27
Der Golfplatz

1. A   4
2. G   1, 2
3. A-B   1, 2
4. E   5
5. C   4, 5
6. D   6
7. F   3, 4
8. H   2, 3
9. D   3
10. G   5
11. D   1
12. B-C   6

Seite 28
Straßen in der Stadt

1. Schule
2. Bahnhof
3. Spielplatz
4. Restaurant
5. Pfadfindergruppe
6. Notaufnahme
7. Obere Straße
8. Sternenweg und Hauptstraße
9. Sonnenallee
10. Untere Straße
11. Mondstraße und Hauptstraße
12. Hauptstraße

Seite 29
Verschiedene Fahrzeuge

1. Bus
2. Taxi
3. Feuerwehrwagen
4. Rennwagen

Seite 30
Auf der Bundesstraße

1. Bundesstraße 4
2. Flughafen
3. Bundesstraße 6
4. Bundesstraße 1
5. Flughafen
6. Bundesstraße 5

Seite 31
Ausflugsziele

1. Nach Süden auf der B 5, dann nach Osten auf der B 1
2. Nach Norden auf der B 3, nach Westen auf der B 1, dann nach Norden auf der B 2
3. Nach Norden auf der B 5, nach Westen auf der B 1, nach Norden auf der B 2, und nach Westen auf der B 8
4. Nach Süden auf der B 2, dann nach Osten auf der B 1
5. Nach Osten auf der B 8, nach Süden auf der B 2, nach Osten auf der B 1, dann nach Süden auf der B 3

Seite 32
Versteckter Schatz

Seite 33
Deutschlandkarte

Kontrollieren Sie, ob alle Bundesländer/Länder richtig angemalt sind.

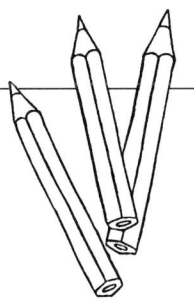

Seite 34
Die Erde

1. Rot   = Äquator
2. Gelb   = Nordamerika, Afrika, Europa, Asien
3. Grün   = Südamerika, Afrika, Australien, Antarktis
4. Blau   = Pazifischer Ozean, Atlantischer Ozean, Indischer Ozean,

Lösungen

Seite 35
Kontinente und Meere

1. Nordamerika
2. Europa
3. Asien
4. Atlantischer Ozean
5. Afrika
6. Pazifischer Ozean
7. Südamerika
8. Indischer Ozean
9. Australien
10. Antarktis

Seite 36
Die Notaufnahme

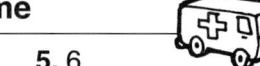

1. nordwestlich
2. ja
3. östlich
4. 10
5. 6
6. 5
7. südlich
8. lesen, fernsehen

Seite 37
Karte deines Klassenzimmers

Verschiedene Pläne von Klassenräumen sind möglich.

Seite 38
Monsterland-Schule

1. Erdgeschoss
2. Musiksaal
3. 1. Klasse (Raum 12) und 5. Klasse (Raum 13)
4. 5. Klasse (Raum 13)
5. 3. Etage
6. Turnhalle
7. Raum 32
8. Erdgeschoss

Seite 39
Mein Lieblingsplatz

Verschiedene Pläne sind möglich.

Seite 40
Test- und Übungsseite (1)

1. B 2. A 3. C 4. C 5. A 6. B

Seite 41
Test- und Übungsseite (2)

1. C 2. A 3. B 4. C

Seite 42
Test- und Übungsseite (3)

1. A 2. B 3. C 4. B 5. B

Seite 43
Test- und Übungsseite (4)

1. A 2. B 3. B 4. C 5. C 6. B

Seite 44
Test- und Übungsseite (5)

1. A 2. C 3. C 4. B 5. C 6. B

Seite 45
Test- und Übungsseite (6)

1. C 2. B 3. B 4. A 5. C 6. C

Literatur- und Internettipps

Deutschland – Europa – die ganze Welt

Endrigkeit, A.-M.; Endrigkeit, R.:
Nordrhein-Westfalen. Eine Werkstatt.
Klasse 3–5. Verlag an der Ruhr, 2000.
ISBN 3-86072-582-3

Kollert, R.; Märzendorfer, P.:
Bayern. Eine Werkstatt.
Klasse 3–4. Verlag an der Ruhr, 2004.
ISBN 3-860728954

Odenthal, Iris:
Das Ruhrgebiet. Eine Werkstatt.
Klasse 3–5. Verlag an der Ruhr, 2004.
ISBN 3-86072-897-0

Cech-Wenning, Stephanie:
Die Deutschland-Werkstatt.
Klasse 3–5. Verlag an der Ruhr, 2003.
ISBN 3-86072-810-5

Endrigkeit, A.-M.; Endrigkeit, R.:
Die Europa-Werkstatt.
Klasse 3–5. Verlag an der Ruhr, 2000.
ISBN 3-86072-473-8

Schüppel, Katrin:
Wir kennen die ganze Welt.
Eine Werkstatt.
Klasse 4–5. Verlag an der Ruhr, 2006.
ISBN 3-8346-0098-9

Raumorientierung/Geometrie

Brandenburg, Birgit:
Geometrie: So geht's.
1. bis 4. Schuljahr.
Verlag an der Ruhr, 2001.
ISBN 3-86072-638-2

Maak, Angela:
So geht's:
Zusammen über Mathe sprechen.
Mathematik mit Kindern erarbeiten.
Klasse 1–4. Verlag an der Ruhr, 2003.
ISBN 3-86072-710-9

Koll, H.; Mills, St.; Montague-Smith, A.:
Mathehandwerk.
Grundlagen Geometrie und Größen.
Klasse 1–2. Verlag an der Ruhr, 2005.
ISBN 3-8346-0019-9

Stoker, Alan:
Mathe für ganz Schnelle:
Geometrie und Größen.
Ergänzungs- und Zusatzaufgaben
für das 1. und 2. Schuljahr.
Verlag an der Ruhr, 2004.
ISBN 3-86072-813-X

Internettipps

www.schatzkarte.com
Sammlung aller möglichen Karten: Piraten-Schatzkarten, Western-Schatzkarten, Mittelalterkarten u.v.m.

www.uni-kiel.de/forum-erdkunde/unterric/material/gradnetz/_welcome.htm
Diese Seite bietet eine Entdeckungsreise über das Gradnetz der Erde mit leicht verständlichen Informationen und Quizfragen.

Die in diesem Werk angegebenen Internetadressen haben wir geprüft (Stand März 2011).
Da sich Internetadressen und deren Inhalte schnell verändern können, ist nicht auszuschließen, dass unter einer Adresse inzwischen ein ganz anderer Inhalt angeboten wird. Wir können daher für die angegebenen Internetseiten keine Verantwortung übernehmen.

Keiner darf zurückbleiben

Informationen und Beispielseiten unter
www.verlagruhr.de

■ **Die großen Zahlen-Bildkarten von 0 bis 20**
5–8 J., 22 Karten A4, farbig, banderoliert
GTIN 4260217050083
Best.-Nr. 65008
17,90 € (D)/18,50 € (A)/33,– CHF

■ **Der Universal-Kalender für Kita und Grundschule**
3–10 J., 110 Karten, farbig A6, banderoliert
ISBN 978-3-8346-0591-7
Best.-Nr. 60591
19,80 € (D)/20,35 € (A)/34,70 CHF

■ **Das brauchst du!**
232 Materialkarten zur Visualisierung
5–10 J., 82 A6-Karten und 150 A7-Karten, farbig, banderoliert
GTIN 4260217050038
Best.-Nr. 65003
21,90 € (D)/22,65 € (A)/40,50 CHF

■ **Bildkarten für Stundenplan und Tagesablauf**
Kl. 1–4, 46 Karten, farbig + Begleitheft A5, banderoliert
ISBN 978-3-86072-956-4
Best.-Nr. 2956
17,50 € (D)/18,– € (A)/30,70 CHF

■ **Vom Frühstückssong zum Abschiedsgong**
Musikalische Rituale für den Schulalltag
Kl. 1–4, Audio-CD, 16 S. Booklet
ISBN 978-3-8346-0608-2
Best.-Nr. 60608
12,80 € (D)/13,15 € (A)/23,– CHF

■ **155 Rituale und Phasenübergänge**
für einen strukturierten Grundschulalltag
Kl. 1–3, 217 S., 16 x 23 cm, Pb.
ISBN 978-3-8346-0480-4
Best.-Nr. 60480
19,– € (D)/19,50 € (A)/33,30 CHF

■ **111 Ideen für das 1. Schuljahr**
Vom ersten Schultag bis zum letzten Buchstabenfest
Kl. 1, 243 S., 16 x 23 cm, Pb.
ISBN 978-3-8346-0363-0
Best.-Nr. 60363
19,50 € (D)/20,– € (A)/34,20 CHF

■ **66 Spiele für das 1. Schuljahr**
zum Eingewöhnen, Wohlfühlen und Rhythmisieren
Kl. 1, 96 S., 16 x 23 cm, Pb.
ISBN 978-3-8346-0687-7
Best.-Nr. 60687
15,90 € (D)/16,35 € (A)/27,80 CHF

Pocket-Ratgeber Schule
■ **So läuft's rund im Referendariat**
Alle Schulstufen, 87 S.,
10 x 16 cm, Pb., zweifarbig
ISBN 978-3-8346-0691-4
Best.-Nr. 60691
7,90 € (D)/8,10 € (A)/14,50 CHF

Pocket-Ratgeber Schule
■ **Antistress-Training für Lehrer**
Alle Schulstufen, 87 S.,
10 x 16 cm, Pb., zweifarbig
ISBN 978-3-8346-0690-7
Best.-Nr. 60690
7,90 € (D)/8,10 € (A)/14,50 CHF

Pocket-Ratgeber Schule
■ **Kooperatives Lernen – kooperativer Unterricht**
Alle Schulstufen, 79 S.,
10 x 16 cm, Pb., zweifarbig
ISBN 978-3-8346-0692-1
Best.-Nr. 60692
7,90 € (D)/8,10 € (A)/14,50 CHF

Pocket-Ratgeber Schule
■ **Wochenplanarbeit in der Grundschule**
Alle Schulstufen, 87 S.,
10 x 16 cm, Pb., zweifarbig
ISBN 978-3-8346-0693-8
Best.-Nr. 60693
7,90 € (D)/8,10 € (A)/14,50 CHF

Verlag an der Ruhr

Keiner darf zurückbleiben

Informationen und Beispielseiten unter
www.verlagruhr.de

■ **Kunst mit dem ganzen Körper**
60 Ideen zum Bewegen, Erfahren, Ausprobieren
Kl. 1–4, 96 S., 16 x 23 cm, Pb.
ISBN 978-3-8346-0704-1
Best.-Nr. 60704
12,80 € (D)/13,15 € (A)/23,– CHF

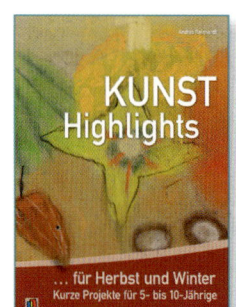
■ **Kunst-Highlights für Herbst und Winter**
Kurze Projekte für 5- bis 10-Jährige
5–10 J., 80 S., A4, Pb., farbig
ISBN 978-3-8346-0705-8
Best.-Nr. 60705
18,90 € (D)/19,40 € (A)/33,10 CHF

■ **Jungs machen Kunst**
Originelle Kunst-Projekte, die auch „echte Kerle" motivieren
5–10 J., 112 S., A4, Pb., farbig
ISBN 978-3-8346-0700-3
Best.-Nr. 60700
21,90 € (D)/22,50 € (A)/38,30 CHF

■ **30 x Kunst für 45 Minuten – Klasse 1/2**
Kurze Projekte für schnelle Erfolge
Kl. 1–2, 95 S., A4, Pb., farbig
ISBN 978-3-8346-0625-9
Best.-Nr. 60625
19,80 € (D)/20,35 € (A)/34,70 CHF
Ebenfalls erhältlich für die Klassen 3/4.

■ **Deutsch mit dem ganzen Körper**
60 Bewegungsspiele für alle Bereiche des Deutschunterrichts
Kl. 1–4, 98 S., 16 x 23 cm, Pb.
ISBN 978-3-8346-0481-1
Best.-Nr. 60481
12,80 € (D)/13,15 € (A)/23,– CHF

■ **Zum Schreiben verführen**
Über 100 Schreibanlässe für eigene Klapp-, Falt- und Pop-up-Bücher
Kl. 2–4, 91 S., A4, Pb.
ISBN 978-3-8346-0482-8
Best.-Nr. 60482
19,80 € (D)/20,35 € (A)/34,70 CHF

■ **Das große Wortarten-Poster**
mit Kopiervorlagen
Kl. 2–4, A0 Poster inkl. 16 S. Begleitheft A4, in praktischer Aufbewahrungstasche
ISBN 978-3-8346-0368-5
Best.-Nr. 60368
13,50 € (D)/13,90 € (A)/24,30 CHF

■ **Die Satzbaustelle**
Satzbau anschaulich – mit Poster und differenzierten Arbeitsblättern
Kl. 2–4, 56 S., A4, Heft + farbiges Poster A0, in praktischer Aufbewahrungstasche
ISBN 978-3-8346-0619-8
Best.-Nr. 60619
17,50 € (D)/18,– € (A)/30,70 CHF

■ **Kinder lernen Waldtiere kennen**
Ein Arbeitsbuch mit Steckbriefen, Sachgeschichten, Rätseln, Spielen und Bildkarten
4–8 J., 167 S., A4, Pb. (mit farb. Abb.)
ISBN 978-3-8346-0244-2
Best.-Nr. 60244
19,80 € (D)/20,35 € (A)/34,70 CHF

■ **Waldtiere – Fotokarten mit Sachinfos**
4–8 J., 16 farbige Karteikarten A5 in praktischer Aufbewahrungsmappe
ISBN 978-3-8346-0432-3
Best.-Nr. 60432
9,80 € (D)/10,10 € (A)/18,– CHF
Materialien zu weiteren Tieren finden Sie unter www.verlagruhr.de.

■ **Kleine Yoga-Rituale für jeden Tag**
Mit einfachen Übungen den Schulalltag rhythmisieren
6–10 J., 140 S. A4, Pb.
ISBN 978-3-8346-0610-5
Best.-Nr. 60610
24,80 € (D)/25,50 € (A)/43,40 CHF

■ **Kinder entspannen mit Yoga**
Von der kleinen Übung bis zum kompletten Kurs
5–10 J., 150 S., 21 x 22 cm, Pb.
ISBN 978-3-8346-0291-6
Best.-Nr. 60291
17,80 € (D)/18,30 € (A)/31,20 CHF